메타인지로 키우는 공부력

옮긴이 · **임지연**

서강대 영문학과를 졸업하고 서울대 영어교육학과에서 석사를 취득했다. 미술과 영어 교육에 관심이 있어 미국으로 건너가, 뉴욕 FIT 시각디자인과에서 전문학사를, 아이오와 주립대 응용언어학과에서 석사를 받았다. 현재는 전문 번역가로 활동 중이다.

메타인지로 키우는 공부력

2022년 4월 25일 초판 1쇄 펴냄

지은이 · 피터 홀린스
옮긴이 · 임지연
펴낸곳 · 도서 출판 일므디
편집 · 김소정, 정주화
디자인 · 이경숙
마케팅 · 황희진, 임찬양
전자우편 · llmeditbook@gmail.com

ISBN 979-11-977068-1-3 03370
값 16,000원

Peter Hollins
HOW TO TEACH ANYTHING
Copyright © 2021 by PKCS Media, Inc.
Korean translation rights arranged with PKCS Media, Inc.
through TLL Literary Agency and BC Agency

이 책의 한국어판 저작권은 도서출판 일므디에 있습니다.
저작권법에 의해 한국 내에서 보호를 받는 저작물이므로 무단 전재와 무단 복제를 금합니다.

HOW TO
TEACH ANYTHING

PETER HOLLINS

메타인지로 키우는 공부력

피터 홀린스 지음 | 임지연 옮김

스스로 익히고 깨우치는
공부의 5가지 비결

일므디

들어가기 전에

"어떻게 하면 우리 아이가 공부에 흥미를 가질 수 있을까요?"
학부모라면 누구나 품고 있는 고민일 것이다. 공부하라고 자리에 앉히기도 힘든데, 아이들의 눈을 사로잡는 온갖 매체들이 범람하고 있는 상황이기 때문이다. 게다가 주입식 교육에 익숙해진 아이들은 공부를 하더라도, 공부한 내용을 기억하지 못하고 시험을 보고 나면 까먹기 일쑤다. 그런 상태로 공부의 의미와 즐거움을 찾지 못한 채 '공부를 위한 공부', '입시를 위한 공부'만 계속 하게 된다.

이러한 문제를 해결하려면 어떻게 해야 할까? 바로 '메타인지'를 키워야 한다. '메타인지'란 내가 아는 것과 모르는 것을 구별하는 능력이다. 미국의 명문 학교인 하버드대 학생들은 공부할 때 '메타인지'를 키우는 훈련을 한다고 한다.

메타인지를 바탕으로 공부를 하면, 내가 아는 내용과 모르는 내용이 무엇인지 파악하게 된다. 그렇기에 아는 내용에는 확신을 갖게 되고, 모르는 내용에는 호기심을 품으며, 그것을 알기 위한 노력을 하게 된다. 그리고 이것이 자기 주도 학습으로 이어진다. 또한 부모나 교사, 주변 친구가 공부한 내용에 대해 질문을 해도 명확하게 알기에 두려워하지 않고 대답하게 된다. 그리하여 공부에 자신감을 갖게 되는 건 물론, 아이의 자존감도 향상된다.

이 책에서는 메타인지를 바탕으로 공부하는 힘을 키워 주는 다섯 가지 비결을 담고 있다. 다만, 여타의 책처럼 메타인지에 대해 직접적으로 언급하지는 않는다는 것을 서두에 밝히고자 한다. 그럼에도 《메타인지로 키우는 공부력》이라는 제목인 이유는, 이 책에서 제시하는 방법들이 궁극적으로 메타인지를 키워 주기 때문이다. 특히 과학적으로 검증되고, 심리적으로도 유용하며, 실제 교육 현장에서 활용되는 방법이기에 아이의 학습 능력을 향상시키는 데 도움이 될 것이다.

이 책이 자녀 교육에 대한 부모의 고민을 해결해 주기를 바라며, 이 책에서 제시하는 학습법을 아이의 특성에 맞춰 활용한다면, 아이와 부모가 함께 즐겁게 공부하는 모습을 꽃피울 수 있게 될 것이다.

차 례

들어가기 전에　　　　　　　　　　　　　　　005

비결 1　　학습 환경부터 갖추어라　　　　　　　011

　　학습 동기 유발하기　　　　　　　　　　　015
　　게임을 하듯이 학습하기　　　　　　　　　020
　　학업 탄력성 키우기　　　　　　　　　　　029
　　생산적인 실패 경험하기　　　　　　　　　039
　　비판받을 걱정 없게 하기　　　　　　　　　044
　　실행 가능한 피드백 주기　　　　　　　　　048
　　🎓 부모를 위한 우리 아이 학습 포인트 1　　056

비결 2　　실제로 유용한 학습 방법을 활용하라　　059

　　문제 중심으로 학습하기　　　　　　　　　062
　　소크라테스처럼 질문하기　　　　　　　　　071

비판적인 사고를 하기	**082**
실제로 도움이 되는 활동을 해 보기	**087**
🎓 부모를 위한 우리 아이 학습 포인트 2	**096**

비결 3 🔑 전체를 파악하는 능력을 키워라 **099**

마인드맵을 그려 보기	**104**
'파인만 기법'으로 큰 그림을 그려 보기	**108**
개념도를 그려 관계를 파악해 보기	**113**
유추를 최대한 활용하기	**115**
🎓 부모를 위한 우리 아이 학습 포인트 3	**121**

비결 4 🔑 구체적인 내용은 전략적으로 공부하라 **125**

시간 간격을 두고 반복하기	**128**
영역을 나누어 노트 필기하기	**134**
교과서를 체계적으로 읽기	**139**

단계별로 나누어 이해도 높이기 146
목적을 가지고 메모 달기 153
🎓 부모를 위한 우리 아이 학습 포인트 4 158

| 비결 5 | 아이 중심 학습을 하라 | 161 |

지식을 효과적으로 습득하기 164
뇌에 무리 주지 않기 169
자기 주도 학습을 하기 위해서는 177
🎓 부모를 위한 우리 아이 학습 포인트 5 183

역자의 말 186

비결 1

학습 환경부터 갖추어라

우리 아이가 어떻게 해야 공부를 즐겁게, 그리고 효율적으로 할 수 있을까? 이 책에서는 이 고민을 해결해 주는 다양하면서도 과학적으로 검증된 방법들을 하나씩 제시하고자 한다.

가장 먼저 고려해야 할 것은 학습 환경이다. 아이가 알맞은 환경에서 학습을 하면 최대의 효과를 자연스럽게 거둘 수 있다. 그렇기에 학습에 적합한 환경을 조성하는 일은 부모에게 가장 중요한 임무다.

여기서 환경이란 물리적인 공간만을 의미하지 않는다. 이 장에서는 어떻게 아이에게 알맞은 환경을 조성하여 성공적인 결과를 이끌어 낼 수 있는지 알아볼 것이다. 배움을 두려워하거나 회피하지 않도록 격려하는 학습 분위기도 중요하지만, 효율적인 태도, 습관과 동기에 대한 이해, 회복 탄력성도 필요하다.

  부모나 교사가 아이를 가르칠 때 어려움을 겪는 이유는 학습 내용 자체 때문이 아니라 적절하고 효과적으로 학습 내용이나 자료를 찾아 제시하기 쉽지 않기 때문이다. 공부할 생각이 없는 아이에게 학습 의욕을 불러일으키기란 매우 어렵다. 아이가 공부를 하는 동시에, 스스로를 조절하는 법까지 배워야 하기 때문에, 사실상 두 가지 일을 해야 하는 셈이다. 그래서 아이들 교육에 더 많은 힘이 들어가는 것이다.

학습 동기 유발하기

공부할 의지가 없는 아이는 배우려 들지 않는다. 배움에 의욕이 없다면 머리가 아무리 좋아도 소용없다. 그렇다면 왜 어떤 아이에게는 배우려는 의지가 있고 어떤 아이에게는 없는 걸까?

인간의 동기를 아주 단순하게 설명하는 '기대 이론'에 따르면, 사람은 기본적으로 자기가 하는 행동에 따라 나올 것이라고 '기대하는 성과'에 맞춰 행동한다. 기대 이론에서 인간은 무의식적으로 다음과 같이 행동한다고 한다.

첫째, 열심히 노력하면 예상한 만큼 성과를 얻거나 혹은 변화할 수 있는지 검토해 평가한다(얼마나 노력해야 하는가).

둘째, 노력하면 원하는 성과를 바로 얻을 수 있는지 검토해 평가한다(원하는 성과를 얻을 가능성은 얼마인가).

셋째, '자신이 필요한 것'과 '소중히 여기는 가치'를 기준으로 볼 때, 자신이 얼마나 절실하게 이 성과를 얻고 싶은지 생각해 본다(나에게 얼마나 가치 있는 성과인가).

학창 시절을 떠올려 보자. 체육을 좋아하지 않지만 성적을 위해서 체육 수업에 열심히 임해야 했던 때가 있었을 것이다. 하지만 만일 체육 점수는 누구나 잘 받는다는 사실을 알았다면 열심히 하지 않았을 것이다. 또한 체육 성적이 전체 성적에 그다지 영향을 미치지 않는다는 점을 안다면 의욕적으로 체육 수업에 임하지 않았을 것이다. 학교 성적을 잘 받고자 하는 목표와 체육 성적은 관련이 없기 때문이다. 또한 삶의 목적과 가치를 고려해 봐도 체육 과목이 나에게는 그렇게 중요하지 않다고 결론 내렸을지도 모른다.

전적으로 얼마나 열심히 공부해야만 좋은 결과를 얻는가, 보상받을 가능성은 어느 정도인가, 그 보상이 진정 가치 있다고 생각하는가에 따라 아이는 공부에 열의를 달리 가지게 된다. 노력은 항상 그에 따른 성과나 보상이 있으므로, 부모는 아이가 그 관계를 어떻게 생각하는지 잘 알아야 한다. 그 관계를 조정하지 않으면 학습 동기를 오랫동안 지속하기 어렵다.

누구에게나 두루 통하는 성과나 목표는 없다. 단지 어떤 한 개인에게 가치 있는 무언가가 있고 그 개인이 이를 '인지'할 뿐이다. 그렇기에 주변에서는 이렇게 가치 있고 중요한 주제를 공부하는 데 왜 의욕이 생기지 않느냐고 의아해할 수 있다. 이 의문에 대한 답은 개인마다 노력과 보상에 대한 평가가 다르기 때문이라는 것이다.

이런 이유로 의욕적으로 학습하는 아이로 만들려면 '내적 동기'(활동 자체를 위해 활동하고자 하는 동기 — 옮긴이)를 유발해야 한다. 예측하기 어렵거나 특별히 원하지 않는 성과에 의욕을 가지는 아이는 당연히 없을 것이다. 아이에게 동기를 만들어 주려면 아이가 '미래'를 어떻게 인지하고 평가하는지, 즉 무엇을 고대하는지를 고려해 봐야 한다. 이를 고민할 때 아이에게 동기가 생길 수도 있고 그렇지 않을 수도 있다.

학습 동기를 일으키려면

→ 학습을 통해 무언가를 얻을 수 있다는 기대를 일으켜야 함
→ 학습 내용이 스스로에게 가치 있다고 여겨야 함

- 가치 있다고 여기더라도 힘들어할 수 있으므로 계속 격려해 줄 것.
- 학습 과정에서 공정하게 평가받는다는 느낌이 들 수 있게 할 것.

말하자면 특정 행동이 자기에게 득이 된다는 건 알더라도, 학습을 통해 무언가를 얻을 수 있다는 기대가 없다면 당연히 의욕도 나지 않을 것이다. 핵심은 실제 현실이 아니라 아이가 어떻게 인지하는지에 따라 달라진다는 데에 있다. 운 좋게도 아이가 충분히 의욕이 있다고

해도 그 아이가 어려운 문제와 씨름하고, 실패로 좌절하고, 눈에 보이는 진전이 없어 괴로워할 때는 상황을 인지하고 동기를 유발할 수 있어야 한다.

학습 의욕을 효과적으로 불러일으키는 아주 좋은 방법은 학습 내용이 훨씬 더 가치 있다고 인지하게 만드는 것이다. 일단 아이가 가진 가치와 원칙을 알아보고 학습 내용과 어떻게 연결 지을지를 모색한다. 이해를 돕기 위해 직장인의 경우를 예로 들어 보겠다. 웹디자인을 그다지 배우고 싶지 않은 직원이라 해도, 업계에서 경쟁력을 유지하고 웹 사이트에서 오류를 수정할 돈과 시간, 인력을 아껴야겠다는 생각이 들면 조금은 의욕을 가지고 웹디자인을 배우려고 할 수도 있다.

중요한 것은 아이의 관점에서 상황을 보도록 노력해야 한다는 것이다. 가정에 근거한 터무니없는 사실이나 아이가 처한 현실과는 관련 없어 보이는 것에 관심을 가지게 할 수 있는가? 실생활에서 접할 수 있거나 실제로 실천할 수 있는 과제를 주고, 아이가 배우는 지식이 현실에서 어떤 가치가 있는지 깨닫게 하자. 가르치는 내용이 쓸모 있는지 알려 줄 방도를 찾아보는 것이다.

한편 자기가 가치 있다고 여기는 것을 배우는 일조차 아이에게는 힘겨울 수도 있다. 그러므로 노력한 보람을 느낄 수 있도록 주기적으로 충분한 보상을 줘야 한다. 그런 의미에서 칭찬과 피드백은 중요하다. 때때로 잠시 멈추고 아이의 학습 진행 상황을 격려하도록 한다. 아이가 자신이 낸 성과에 자부심을 느끼도록 용기를 북돋워 주자. 부모가 '진심으로' 열의를 보인다면 아이 역시 그 마음을 느낄 것이다.

아이가 긍정적인 성과를 거두리라 기대하고 지속적으로 격려한다면, 아이는 이러한 기대 덕분에 어렵고 지루한 시간을 견디며 나아갈 수 있다. 부모는 아이가 나중에 무엇을 얻게 되는지, 즉 무엇을 목표로 하는지, 왜 그 목표를 지향하는지, 목표를 달성하면 어떤 결과를 얻는지 등에 관해 명확히 알려 줘야 한다. 아이가 어떨 때 힘겨워하는지 파악해 학습의 난이도를 적절히 조정하면서 성취감을 얻을 수 있게 해야 한다.

또한 아이가 학습 과정에서 공정하게 평가받는다고 느끼도록 신경 써야 한다. 가르침에 일관성이 없다거나 타당한 이유 없이 혼난다고 느낄 때 아이는 의욕을 완전히 잃는다. 결과가 보장되지 않거나 심지어 벌을 받기까지 한다면 과연 누가 열심히 공부하겠는가? 노력하면 어떤 결과가 나오는지 바로 예측할 수 있어야 한다. 성공하거나 실패한 원인도 피드백을 해 주어 아이가 정확히 알아야 한다. 자신이 노력을 들인 후 받은 결과가 미심쩍을 때 열정은 꺾이기 마련이다.

게임을 하듯이 학습하기

 게임 산업만큼 동기 유발이라는 주제를 깊이 연구하는 분야는 없을 것이다. 게임 개발자와 게임 회사의 마케팅 담당자에게는 동기 유발을 하는 것이 목표라고 해도 과언이 아니다. 아이가 게임에 푹 빠져 플레이하듯이 공부를 한다면 그것은 모든 부모가 꿈꾸어 온 순간이 아닐까? '게임화'는 바로 여기에 착안하여 게임 플레이에 있는 원칙이나 요소를 게임이 아닌 상황에 적용한다는 생각에서 비롯됐다.

 부모는 자신의 아이가 정말 '게임'을 좋아해 동기를 가지고, 관심을 지속하며, 열심히 하는 모습을 자주 보았을 것이다. 그런데 학습 역시 게임이다. 아니, 적어도 게임처럼 공부할 수 있다. 배우는 일이 재미있으면 더 배우고 싶어 하기에 강제로 가르칠 필요도 없고 자제력을 발휘할 필요도 없다. 새끼 고양이가 노는 광경을 본 사람이라면 누구나 알 것이다. 고양이는 더없이 즐겁게 놀면서 사냥에 필요한 기술을 여러 개 배운다.

누구나 즐겁게 노는 것과 진지하게(그리고 지루하게) 공부하는 것은 별개라고 생각할 것이다. 그렇다면 정확히 게임에서 어떤 부분이 학습 환경에 도입되는 것일까? 게임을 해 봤다면 게임에 어떤 요소가 있는지 알 것이다.

먼저, 게임은 '단계적으로 과정을 밟으며' 진행한다. 플레이어는 레벨을 올리거나 포인트를 획득하거나 경쟁자를 제치며 게임을 한다. 플레이어에게는 방향 감각, 목적의식, 경쟁심 등이 필요하다. 플레이어는 이러한 과정이 중요하다는 사실을 인지하고 있으며 과정을 거치는 데 어떤 단계가 필요한지 알고 있다.

다음으로, 게임에는 캐릭터들의 '서사'가 있는 경우가 많다. 지도를 보거나 보드게임을 하거나, 연대순을 따른 이야기를 읽을 때 흐름을 따르듯, 미리 마련된 범위에서 좇아간다는 의미다. 또한 플레이어들은 단계를 밟으며 어렵고 복잡한 문제를 해결해 나간다. 그렇게 게임에 숙달해서 클리어하면 '레벨업'을 할 수 있는 다양한 기회가 주어진다(예를 들어 새로운 장비나 스킬을 얻는다).

게임의 주요 특징은 '게임 플레이어가 플레이를 통제한다는 점'이다. 게임 세계를 설계하거나 규칙을 설정하지는 않지만, 플레이어에게는 결정을 내리고 성과를 지켜볼 권한이 있다. 또한 게임 내용에 자신이 책임지며 경험을 쌓아 간다. 난이도가 높은 퀘스트를 수행하면 도전 의식이나 성취감이 고취된다. 게임은 어떤 결정을 내리더라도 즉시 효과가 나타나고 즉각적인 피드백을 받는다는 점에서 몹시 매력적이다. 플레이어는 거의 언제나 자신이 내린 결정으로 생기는 결과나 성과를 바로 확인해 실시간으로 조정하며 배운다. 이렇게 하면 자신이 적극적으로 관여한다고 느끼게 된다. 행동과 결과가 명료하고 직접적으로 연결되기 때문이다.

또한 게임에는 흔히 '협력' 요소가 있어 여러 명이 팀워크로 큰 문제를 해결해야 할 때가 많다. 예를 들어 플레이어끼리 서로 파티를 맺거나 길드원들이 힘을 합쳐 보스를 물리치는 것이다. 주변 사회와 연결되었음을 느끼며 즐거움을 공유하다 보면 자연스럽게 주제와 관련을 맺게 되고 그 주제에 의미가 부여된다.

그렇다면 이러한 개념을 학습에 어떻게 적용하여 학습을 즐겁게 하며 흥미를 끌 수 있을까? 넓게 보면 두 가지 방향이 가능하다. 학습 내용 자체를 변경할 수도 있고, 학습하는 구조를 바꿀 수도 있다. 아이에게 새로운 어휘를 가르친다고 해 보자. 가르치는 방법을 게임처럼 해서 여러 단어를 단계별로 정리하고 플래시 카드(단어 암기용 카드)로 단어의 뜻을 기억하도록 유도할 수 있다. 아이가 기억해 내면 어려운 '보스' 단어를 잡았으므로 다음 단계로 간다.

이 방법은 배워야 할 어휘는 그대로 두고 구조만 게임처럼 하는 것이다. 하지만 창의성을 발휘해 평범한 내용에 주제나 발상으로 변화를 줄 수도 있다. 예를 들어 단어를 제시하면 아이가 정확한 뜻을 제시함으로써 '공격'을 방어하며 상대 플레이어와 교전할 수 있다. 이런 식으로 '경험치'를 얻거나 패를 가지고 플레이하며 게임을 진행한다.

1. 플래시 카드로 단어 암기 → 포인트 획득
2. 어려운 단어 기억 → '보스' 잡기 → 레벨업

- 역동적이며 부모와 아이 유대감 형성 가능.
- '문제를 푼다'가 아닌 '퀘스트 수행'으로 표현하는 것도 도움.

이렇듯 '게임화'는 내적으로 동기를 부여하는 요소를 완벽히 활용하는 방법이다. 재미있고 의미 있는 과정을 겪는다고 인지하는 한, 아이는 도전을 즐길 수 있다. 게임화를 통해 가르치면 아이는 주의를 집중해 배운 내용을 기억하려 할 뿐만 아니라 과정 자체에 심리적으로 만족하게 된다. 효과적으로 학습하기 위해 심각하고 지루해하지 않아도 된다니 해방감을 느끼기 쉽다. 새로운 지식을 게임처럼 공략하면 아이는 자기 주도적으로 학습에 임하게 된다. 아이가 학습의 주도권을 쥐면 큰 걱정 없이 공부에 임할 수 있다.

게임화하여 가르치는 방법은 아이에게 학습 의욕을 갖도록 만들어 주기도 하지만 배우는 과정을 굉장히 즐기게 만들기도 한다. 부모는 생기도 없는 내용을 수동적으로 아이에게 익히게 하기보다 '두 번째 플레이어'가 되어 역동적으로 아이와 함께하며 가르치게 된다. 그렇게 하면 아이와 유대감도 형성하고 훨씬 재미있게 학습하도록 이끌어 줄 수 있다.

그러나 학습을 게임처럼만 해서는 유용하지도 배움으로 이어지지도 않는다. 그러므로 목표를 확실히 하고 진행해야 한다. 게임화를 할 때는 다음 사항을 유의하자.

- 단계가 높아질수록 문제가 더 어려워지도록 했는가?
- 아이에게 모든 것을 알려 줬는가? 아니면 아이 스스로 게임의 구조를 발견하도록 했는가?
- 아이가 게임을 하면서 즉각적 피드백을 받아 행동을 고치고 바로 다시 해 볼 수 있는가?
- 게임이 '심각'하진 않은가? 예를 들어 불이익을 받지 않고 안전하게 몇 가지 시도해 볼 수 있는가?
- 아이에게 레벨업을 할 수 있다고 명확히 알려 줬는가? 아이의 능력으로 해결하기에 적합한 도전을 줬는가?
- 게임의 목표, 목적, 규칙 등을 뚜렷하게 정했는가? 예를 들면 무엇을 할 수 있고, 무엇을 할 수 없는지 지침을 명확하게 했는가?

게임화로 학습할 때 아이가 힘들어하는지, 아니면 열심히 하는지 잘 살펴보아야 한다. 이 방법으로 학습에 푹 빠진 아이는 알아채기도 전에 '몰입'되어 별로 노력하지 않은 듯 느끼면서 몇 시간이고 보낼 것이다.

게임 원리를 학습에 쉽게 적용하는 방법이 있다. 사용하는 언어를 바꾸는 것이다. 그렇게 하면 극적인 결과를 끌어낼 수 있다. 과제나 문제를 푼다고 하지 말고 퀘스트를 수행하거나 미션을 완수한다고 해 보자. 아이에게 성적을 받는 게 아니라 경험치, 스킬, 랭킹, 숨겨진 미션을 해제할 기회를 얻는다고 해 보자. 그룹 활동을 해야 할 경우에는 길드에 가입되거나 파티에 들어갔다고 말하는 것도 가능할 것이다.

게임 방식으로 아이를 가르쳐도 괜찮을까?

어떤 부모는 게임처럼 아이가 학습하는 데 거부감을 가질 수 있다. 이들은 이런 방식으로 교육하는 것이 과연 효과가 있을지 의심하며, 효과가 있을지라도 그러한 방식이 아이에게 적합한지에 대해 고민한다. 또한 동기 부여를 위해 보상과 기대를 이용하라고 하는 부분에서 의문을 품기도 한다. '보상이 있으니 어떤 행동을 해 보라고 아이에게 권했을 때 변화가 지속될까?', '그런 식으로 아이를 격려해도 괜찮을까?'와 같이 말이다.

이때 생각해 보아야 할 점이 내적 동기와 외적 동기는 다르다는 것이다. 내적 동기가 있는 사람은 자신이 지닌 인식, 태도, 신념으로 행동하는 반면, 외적 동기를 찾는 사람은 보상이나 처벌 같은 외적인 요소에 이끌려 행동한다. 자신을 위해 무언가를 하는 사람과 또 다른 무언가를 얻으려고 하는 사람이 보이는 차이다.

문제는 게임의 원동력이 되는 경쟁이나 도전 의식을 없애고 나면 어떤 방법으로 아이에게 동기 부여를 하느냐는 점이다. 확실히 게임화는 보상에 기반을 둔 체제이므로 철저히 외적 동기를 이용한다. 그 때문에 언제나 적절한 것은 아니다. 어떤 종류의 지식은 외적 동기라는 관점에서 보면 아무 가치도 없으나 그 자체로 가치 있을 수도 있다. 철학자 프랜시스 베이컨의 말대로 '아는 것이 힘'이 될 수 있는 이유는 특정 성과를 거둘 수 있어서가 아니라 다른 사람은 알아보지 못하는 가치를 알아보는 지적 능력을 기를 수 있어서다.

단지 아이가 재미를 느끼고 주의를 집중하게 하려면, 게임화는 최고의 방법이다. 하지만 게임 장치를 제거한 후에도 아이가 여전히 공부를 좋아하게 하려면, 게임화만으로는 부족하다. 이상적인 시나리오는 아이 스스로 학습 내용에 진정한 관심을 가지는 것이다. 그러려면 성공을 스스로 통제할 수 있고, 필요한 기술을 갖추고 있고, 무엇보다 목표가 가치 있다고 확신해야 한다.

사람마다 게임화한 학습 내용에 달리 반응한다는 사실을 고려하면 문제가 조금 더 복잡하다. 원래 게임을 좋아하는 '경쟁 지향형 인간'이라면 보상도 받고 이기고 싶은 마음으로 기꺼이 경쟁하려 할 것이다. '관계 지향형 인간'이라면 플레이가 관계 지향적이고 협력이 필요하다는 점에 가치를 둘 것이다. '성취 지향형 인간'이라면 게임의 구조에 관심 없이 보상을 노리며 승리를 거머쥐려 할 것이다. 마지막으로 '인간애 지향형 인간'이라면 성공과 실패보다는 게임에서 의미와 가치를 찾으려 할 것이다.

다시 말해 게임처럼 학습하게 할 때는 아이가 지닌 개성이나 성향을 파악해야 한다는 의미다. 오히려 게임처럼 학습하는 방식을 싫어하는 아이도 있을 수 있다. 이런 아이는 압박하지 말고, 경쟁과 외적인 보상을 없애면 오히려 이러한 학습 방법을 잘 수행한다.

따라서 아이가 보상에 기반을 둔 체제에서 무엇을 경험하는지 자세히 관찰해야 한다. 부모라면 아이에게 의욕이나 흥미를 자연스럽게 일으키지 못하게 막거나 아무런 의미 없는 보상을 주고 싶지는 않을 것이다. 게임 같은 활동을 좋아하다가도 싫증을 내며 무언가 의미 있는 일을 하고 싶을 수도 있다. 중독된 상태같이 내성이 생긴 경우 같은 행동을 끌어내려면 더 큰 보상을 약속해야 하기도 한다.

아이가 보이는 에너지와 흥미 수준을 주의 깊게 관찰해 보상이 실제로 성과에 미치는 영향을 잘 살펴보아야 한다. 과제를 열심히 하기보다 보상을 받고 싶어 할 일을 할 수도 있다. 예를 들면 연습 문제를 집중하며 푸는 대신 빨리 끝내고 점수나 받으려는 아이에게는 게임처럼 하는 학습법은 큰 의미가 없다.

　아이가 특정 상황에서 어느 정도로 학습 효과를 거두는지에 따라 게임화를 할지 말지 결정해야 한다. 이러한 점을 염두에 두고 아이의 학업 성취에 지대한 영향을 미치는 학업 환경을 더 자세히 살펴보자.

학업 탄력성 키우기

학습 과정에서 어려움을 겪고 있는 아이에게는 '학업 탄력성'이 필요하다.

지적 능력을 타고난 사람에게도 공부는 쉽지 않다. 원하는 수준만큼 무언가를 통달한다는 건 원래 어렵다. 그렇기에 힘들다고 느끼는 순간 포기해 버리는 경우가 많다.

반면 무언가를 배우면서 어려운 문제에 부딪혀도 포기하지 않고 계속하는 사람이 있다. 이를 두고 '학업 탄력성'이 있다고 한다. 학업 탄력성은 지능과 마찬가지로 선천적으로 타고난 특질이 아니라 후천적으로 습득한 기술과 몸에 익힌 습관에서 비롯된다. 즉 습관이 몸에 배어 어려움을 극복하고 학습 성과를 올리는 능력이 된 것이다.

시드니대학교와 옥스퍼드대학교가 공동으로 참여한 연구팀은 '다섯 가지 C'를 육성하면 학업 탄력성을 얻게 된다고 발표했다. 여기서 다섯 가지 C는 '평정심composure', '자신감confidence', '조정력coordination', '몰입commitment', '통제력control'을 의미한다. 이를 통해 학습 수준을 향상할 수 있다.

다섯 가지 C를 살펴보면 학습 내용이나 정보와는 무관함에도 학습 장애를 극복하는 데 중요한 이유를 금방 알 수 있다. 보통 학습 장애는 사고방식에서 생긴다. 마지막에 좋은 성과를 거두는 아이는 신념과 인내심에서 차이를 보인다. 그 두 가지는 이 책에서 소개하는 여러 가지 학습법보다 아이에게 훨씬 크게 영향을 미친다. 뜻이 있는 곳에 길이 있다는 의미인가? 그렇다. 배움은 학습에 대하여 어떻게 생각하느냐에 따라 좌우된다. 어떻게 시간을 잘 써서 현명하게 공부하느냐는 그다음 문제다.

불안을 다스리는 힘, '평정심'

'평정심'은 불안감을 조절해 최소화하는 능력을 말한다. 아이가 공부하면서도 계속 불안해하는 이유는 창피하거나 당혹스러운 일을 겪을까 걱정하기 때문이다. 부모님이나 선생님이 공부한 내용을 말해 보라고 하면 어떡하지? 그러다가 완전히 잘못 말하면 혼나는 건 아닐까? 설마 나를 바보나 멍청이라고 생각하진 않겠지? 이와 같은 두려움으로 몸이 굳어 버리기도 한다.

불안을 조절하지 못하면 두려움으로 움츠러들고 긴장해 제대로 움직이지 못하게 된다. 최악의 경우 걱정에 빠져 다른 생각을 할 여력이 없기에 새로운 정보에 집중하지도 의미를 해석하지도 못한다. 하지만 다행히 아무 근거가 없는 걱정일 뿐이다.

걱정하는 이유는 실패가 두렵기 때문이다. 이 점은 분명히 해야 한다. 흔히 공포라고 하면 최악의 경우를 떠올린다. 어떤 일을 '실패'하더라도 곧 지구가 멸망할 듯 공포심을 느낀다. 이러한 심리를 '파국화'라고 한다. 즉 현실에서 일어날 법한 결과를 상상하는 대신 무시무시한 파국이 닥쳤다고 상상하고 이를 사실로 믿는 것이다. 안 좋은 일이란 원래 누구에게나 일어나는 법임을 인정하면서도 생각이 비이성적으로 흐르며 상상의 나래를 마구 펼친다.

아이가 파국적인 결과를 예상하는 경향이 있다면, 스스로와 대화하는 시간을 갖게 하자. 그리고 한번 상황을 달리 설명해 보고 결과도 다르게 그려 보는 시도를 하게 해 보자. 그럼에도 계속 걱정에서 헤어나지 못하면, 낙천적으로 걱정하는 방법을 찾게 해 보자. 자신이 저지른 잘못을 자꾸 질책하게 되면 학습 경험을 쌓는 중이니 다음에는 잘할 거라고 되뇌도록 조언하는 것이다. 부정적으로 생각하는 습관을 고치려면 긍정적으로 보고, 격려하고, 잘못을 용서하고, 다양성을 받아들이는 태도를 지녀야 한다. 이렇게 했을 때 이런 습관을 멋지게 고칠 수 있다. 계속 이러한 마음가짐으로 살면 뇌가 어느새 부정적 생각과 두려움을 정상이 아니라고 받아들이게 된다. 불안감으로 힘들다면 계속 이것을 끊임없이 반복해야 한다. 근거도 없이 괴롭히는 나쁜 생각 따위는 틀림없이 없애 버릴 수 있다. 아이가 평정심을 얻어 틀림없이 학업 탄력성을 갖게 될 테니까 말이다.

스스로 해낼 수 있다는 '자신감'

'자신감'은 특정 과제를 스스로 해낼 수 있다는 믿음이다. 자신감이 부족한 아이는 자기가 목표를 달성하지 못할 것이라고 확신한다. 자신을 깎아내리고, 비방하고, 자신이 이뤄 낸 성과가 별거 아니라고 부정한다. 이런 식으로 생각하다 보면 자신이 실패자임이 세상에 드러나지 않아야 하므로 원래 하던 노력을 그만두는 일도 자주 있다. 문제는 그만둔다는 자체가 바로 실패라는 점에 있다. 게다가 자신에 대한 부정적인 믿음을 굳히기까지 한다. 자신에 대한 의심을 내던지고 목표로 돌진하는 편이 훨씬 만족스러울 뿐 아니라 덜 부담스럽다.

자신감을 향상하는 방법에는 두 가지가 있다. 하나는 앞서 '평정심'에서도 나온, 스스로와 대화하는 방법이다. 우리의 뇌가 스스로를 실패자라고 부르거나 그 과목은 너무 어려워서 힘들 거라고 하면, 시간과 노력을 들여 흔들림 없이 공부할 것이라고 받아치는 것이다. 부정적인 생각이 들 때마다 이렇게 응하다 보면 그런 생각이 들지 않게 될 것이다.

또 하나는 목표 설정이다. 누구나 과제를 완수해낼 때 자연스럽게 자신감을 얻게 된다. 성공하는 경험이 쌓이면 자기에 대한 의심이 터무니없음을 알게 된다. 하루나 시간 단위로 공부 목표를 정해 계속 달성해내는 방법이 가장 빠르다. 아이가 그렇게 성취하고 나면 그렇게 해낸 아이를 기꺼이 축하해 주자. 목표를 하나씩 달성할 때마다 학업 능력 향상이라는 최종 목표에 한 걸음 더 가까워진다. 그뿐만 아니라 스스로에게 목표를 이룰 만한 기술과 인내심이 있음을 증명하는 셈이기도 하다.

포기하지 않는 힘을 기르는 다섯 가지 C

→ 평정심 composure
→ 자신감 confidence
→ 조정력 coordination
→ 몰입 commitment
→ 통제력 control

계획적이고 효율적으로, '조정력'

'조정력'은 계획을 세우고 시간을 효율적으로 관리하는 능력이다. 시간을 잘 관리하지 못하면 '계획 오류'(실제 예측보다 오랜 시간이 소요되는 현상―옮긴이)를 범하게 된다. 오랜 시간이 걸리는 과제를 완수하는 데에 어느 정도 시간이 필요한지 잘 모르기 때문에 계획 오류가 일어난다. 아이들은 보통 과제에 실제 필요한 시간보다 적게 잡는다. 과제가 오래 걸리지 않으리라 짐작하고 시간이 충분하다며 나중으로 미루기도 하는데, 이 경우가 더 나쁘다. 대부분 생각한 것과 다르게 나타나므로 결국에는 과제를 뒤늦게 하거나 과제를 아예 하지 못해 낮은 점수를 받게 되기도 한다.

이 문제는 몇 단계에 걸친 조치를 통해 해결할 수 있다. 먼저 공부 장소에 주의를 빼앗길 만한 물건은 가능한 두지 않는다. 스마트폰을 다른 곳에 두고 방문을 닫은 뒤 친구나 가족들이 방해하지 않도록 한다. 과제가 생기거나 학습할 내용이 생기자마자 곧바로 실행해야 한다. 할 일을 미루면 늦어지지만 바로 착수하면 시간을 효율적으로 관리할 수 있다. 마지막으로 가장 오래 걸리고 제일 어려운 과제를 먼저 해야 한다. 나중으로 미루면 아직 괜찮다는 근거 없는 믿음 때문에 제시간 안에 과제를 마치지 못하기 십상이다.

목표를 향해 열정적으로, '몰입'

'몰입'은 '근성grit(그릿)'이라고도 불리며 목표를 달성하는 데 필요한 열정과 집념을 말한다. 누구나 하루나 일주일 동안은 공부할 수 있을 것이다. 그러나 공부를 새로운 습관으로 삼기란 정말 어렵다. 더 나은 자신이 되기 위해 노력하기는커녕 침대에 누워 스마트폰으로 영상을 보거나 게임만 주구장창 하기 쉽다. 이렇게 되면 학습을 향상하는 데 써야 할 소중한 시간을 낭비하며 변화 없이 되는 대로 살 수밖에 없다.

앞에서 살펴본 두 요소처럼 '몰입'하는 자세 역시 스스로와의 대화를 통해 강화할 수 있다. 자신을 설득해 이 일을 완수할 수 있다고 확신하게 하는 데에 효과적인 방법이다. 느슨해진다고 생각했을 때 스스로를 계속 격려한다면 책임감이 강해져 내키지 않더라도 계속 나아가게 된다.

마지막으로 이러한 몰입을 통해 무엇을 얻는지 알면 굉장히 도움이 된다. 어떤 이득이 생길지, 혹은 어떤 어려움을 피할 수 있는지 모르면 쉽게 의욕을 잃게 된다. 이것을 알면 어떤 꿈을 이룰 수 있을까? 이 지식을 잘 습득하면 어떤 어려움을 겪지 않아도 될까? 지금은 공부하느라 좀 힘들어도 나중에 훨씬 좋은 무언가를 얻기 위해 공부한다는 점을 아이가 명심할 수 있도록 하자.

스스로를 다스리는 힘, '통제력'

'통제력'은 스스로를 통제하는 힘이다. 아이는 스스로를 통제할 수 있다고 믿어야 한다. 이러한 믿음에는 여러 가지 측면이 있다. 먼저 능력과 역량이 충분하므로 원하는 학습 성과를 올릴 수 있다고 굳게 믿어야 한다. 그런 믿음이 모자라면 그냥 공부하기 위해서 공부하게 되어 목표 달성을 할 수 없다. 지능은 선천적으로 타고나는 것만은 아니다. 태어나면서 머리가 좋은 사람도 있지만, 정상 분포의 중간을 차지하는 보통 사람이 대부분이다. 열심히 하면 원하는 바를 얻을 수 있지만 힘들게 노력하지 않으면 그 과정을 통과하지는 못한다. 불편함을 비우고 기대로 채울 수 있게 해 보자.

또한 주인 의식을 지니고 공부해야 한다. 공부하는 과정을 잘 통제하고 있다고 확신하면 책임감, 또는 주인 의식이 생겨 최선을 다하게 되고 좌절하면서도 끝까지 밀고 나간다. 주인 의식이 없으면 열심히 공부해도 시간만 낭비하므로 공부하는 것이 소용없다고 믿게 된다. 선생님이나 부모님이 시켜서 하는 것뿐이라고 생각하게 되면 상황은 한층 더 나빠진다.

이러한 문제는 목표를 명확히 하고 일상을 목표 달성을 위해 맞춰 나가며 해결할 수 있다. 스스로 운명에 직접 달려들어 자신만의 계획을 만들게 하자. 다른 친구가 어떻게 목표를 잡는지, 어떤 계획을 세우는지 참고할 수도 있고 아니면 자신만을 위한 계획을 만들고 실천할 수도 있다.

무언가를 배우는 일 자체가 어려운 것은 아니다. 학업 탄력성을 구성하는 다섯 요소 중 하나라도 없으면 실패하기 더 쉬워질 뿐이다. 효과적으로 학습하려면 다음 요소들을 반드시 알아 둬야 한다.

학업 탄력성은 힘든 상황을 이겨 내는 능력인 '회복 탄력성'이라고 설명할 수도 있다. 회복 탄력성이 있으면 '힘든 상황에도 잘 적응'할 수 있고 상황에 맞춰 역경을 헤쳐 나간다. 그러나 회복 탄력성이 약하면 스트레스에 취약하며 크고 작은 변화에 대응이 서툴러 훨씬 힘들어한다. 자잘한 스트레스를 잘 관리하는 사람은 큰 위기가 와도 잘 넘긴다고 밝혀졌는데, 회복 탄력성은 인생의 큰 위기에서도 효력을 나타내기 때문이다.

심리학자인 수잔 코바사Susan Kobasa는 회복 탄력성에는 세 가지 요소가 있다고 했다. 즉 역경을 도전이라고 받아들이며, 어떤 목표든 성취하려고 열심히 노력한다. 또한 자신이 통제할 수 있는 사항에만 노력을 들이고 신경을 쓴다.

또 다른 심리학자인 마틴 셀리그먼Martin Seligman은 회복 탄력성은 세 가지 요소로 이루어진다고 했다. 즉 부정적인 사건은 일시적으로 일어났고 제한적인 영향만 미칠 뿐이라고 생각하며, 누군가에게 부정적인 사건이 일어났다고 해서 그 사람이나 그 사람이 가진 견해가 부정적인 것은 아니라고 여긴다. 또한 부정적인 사건이 일어나도 심하게 자신을 탓하거나 비방하지 않는다. 부정적 성향이 오래 머무르지 않게 흘려보내야 하고 그것을 사람의 결함을 알리는 잣대로 여기지 않아야 한다는 것이 핵심이다.

이와 같은 회복 탄력성을 이루는 요소가 원하는 학습 목표를 달성하는 데에 중요한 역할을 한다는 사실에는 의문의 여지가 없다. 여기에서는 특히 어떻게 실패를 극복하는지가 중요하다. 누구나 실패는 살다가 겪을 수밖에 없는 것이다. 그러므로 아이가 실패에 어떻게 대응하는가에 따라 성격이 형성되고 학업 능력 향상 여부도 결정된다는 사실을 반드시 기억해 두자.

생산적인 실패 경험하기

 우리는 대부분 성공이란 이기고, 성과를 내고, 해결책을 찾는 등 무언가를 성취하는 일이라 여긴다. 하지만 학습을 성공적으로 하려면 '실패'를 경험해야 한다.

 '생산적인 실패'는 싱가포르 국립교육원 교수 마누 카푸Manu Kapur가 제안했다. 학습의 역설을 발전시킨 개념인데, 희망했던 결과를 얻지 '못하더라도' 해낼 때만큼은 혹은 그 이상으로 가치가 있다는 의미다. 감정적인 영향이 아니라 신경학적으로 그런 작용을 한다는 뜻이다.

 카푸는 구조를 먼저 가르치고 나서 아이가 스스로 할 때까지 돕는 방법으로 가르치면 일반적으로 효과를 거둔다고들 하지만, 학습을 개선하는 데에 최고의 방법은 아니라고 생각했다. 일반적인 방식이 직관으로는 타당하다고 하더라도, 외부 도움 없이 아이 스스로 발버둥을 치는 편이 가장 좋다는 게 카푸의 의견이다.

카푸는 학생을 두 그룹으로 나눠 실험했다. 한 그룹에서는 학생들이 현장 교사들에게 전폭적인 지원을 받으며 일련의 문제를 풀었다. 다른 그룹 학생들은 같은 문제를 교사의 도움 없이 서로 협력하여 답을 찾으며 풀었다.

교사의 지원을 받은 그룹은 정답을 냈지만 학생들끼리만 문제를 푼 그룹은 그렇지 못했다. 대신 후자의 학생들은 서로 협동하며 탐구했는데, 문제가 어떤 유형인지에 대해 의견을 내고 해답을 찾으려 노력했다. 문제의 본질을 이해하려고 하며 가능한 방법을 모두 모색했다. 그 후 두 그룹이 배운 내용에 대해 시험을 봤을 때 매우 다른 결과가 나왔다. 교사 도움 없이 문제를 푼 그룹이 교사 도움으로 문제를 푼 그룹보다 '현저하게' 성적이 좋았다. 정답을 내지 못한 그룹은 실패를 경험하며 '보이지 않는 효능감'을 개발했다. 문제의 구조를 더 깊이 이해하기 위해 서로 탐구하는 과정을 거쳤기 때문이었다.

정답을 내지 못한 그룹은 문제를 풀지는 못했으나 문제의 여러 측면을 탐구했다. 그러면서 얻은 지식을 나중에 받은 새로운 문제에 적용하여 교사에게 도움을 받았던 학생들과는 다른 결과를 보였다.

카푸는 처음에 문제를 못 푼 그룹이 실책을 저지르고, 실수하고, 어설프게 틀리는 과정을 거치며 성장했다고 결론을 내렸다. 도움을 받지 않고 적극적으로 공부하는 학생들이 지식을 더 잘 습득해 나중에 문제 풀이에 적용한다.

카푸의 실험

A그룹 → 교사의 지원 ○ → 문제는 풀었으나 B그룹보다 성적이 안 좋음
B그룹 → 교사의 지원 × → 문제에 대해 탐구하여 좋은 성적 얻음

✅ 실수, 실패를 통한 경험에서 나온 학습 효과를 보여 줌.

카푸는 생산적인 실패가 효과를 거두려면 세 가지 조건이 필요하다고 생각했다. 즉 '도전하게는 해도 좌절시키지 않는' 문제를 선택하게 해야 한다. 자신의 학습 과정을 설명하고 자세히 말할 수 있도록 학습자에게 기회를 주어야 하며, 또한 어떤 해결책이 좋고 나쁜지 학습자가 비교하고 대조하게 해야 한다.

무언가로 고민하며 몸부림치는 과정이 학습에 긍정적으로 작용하려면 아이가 스스로를 자제하며 당장 만족스럽지 않더라도 참아야 한다. 그런데 이런 과정은 얼핏 봐도 인간의 본능에 어긋난다. 어떻게 실패로 효과를 본다는 걸까?

물론 여러 번 실패를 경험했다면 모든 것을 포기하고 싶어질 것이다. 시작하기 전부터 이미 불안감에 휩싸여 아무것도 하지 못할 수도 있다.

좌절하게 될 것을 예상하되 굴복하지는 말 것

좌절하게 되리라 미리 예견하는 일은 계획을 세우는 좋은 자세다. 그러나 어떻게 대처할지도 반드시 생각해야 한다. 일이 잘되지 않을 때 느낄 실패감을 어떻게 다독일지 대략이라도 대책을 마련해 두는 것이 좋다. 대부분 그럴 때는 휴식을 취하게 하면 겪고 있는 문제에서 잠시 벗어난다. 멈추는 것만으로도 마음이 차분해지며 갑작스러운 불안감이 누그러진다. 그리고 나면 좀 더 편안한 마음으로 문제를 풀 수 있다. 결국 정신적인 불안과 혼란을 어떻게 편안하게 받아들이냐는 것이 관건이다.

학습하는 방식은 결과를 보는 방식과 다르다. 그러므로 완전히 다른 잣대로 성공을 평가하는 것이 좋다. 지식을 쌓을 방도를 찾고 '어느 정도이건 간'에 지식이 늘면 성공적인 학습으로 간주한다. 학습하는 일 자체가 결과만큼이나 중요하다거나 혹은 학습 자체가 결과보다 더 중요하다고 생각을 바꿔 보도록 하자.

사실이나 날짜와 같이 확실하면서 고정된 지식은 이렇게 접근하지 않아도 된다. 그럴 필요가 없기 때문이다. 반면 깊이 있고 다층적인 이해 방식을 뇌에 인식시키기는 어렵다. 조작하고 적용해야만 하는데, 그러다 보면 실패를 피할 수 없다.

결국 실패는 다음 단계를 위한 청사진이다. 미래에 대비해 문제를 수정하려고 시험 삼아 돌려 본 표본이다.

예를 들어 어떤 사람이 식물을 키우고 있는데 어떤 단계를 거칠 것이며 어떤 방법을 써야 할지, 생각대로 자라지 않는 식물은 왜 그런 건지 고민한다고 하자. 흙을 잘못 써서 그런 걸까? 그럼 좋은 흙은 어떤 것인지 검색해 본다. 물을 제대로 주지 않아서 그런 걸까? 그렇다면 해당 식물에게 물을 얼마나 주어야 하는지, 음지 식물인지 양지 식물인지 찾아보면 된다.

살면서 실패를 피하려고만 하는 사람은 성공을 적극적으로 추구한 사람과 굉장히 다른 결과를 얻게 된다는 사실이 여기에 전제로 깔려 있다. 누구는 위험에 최소한으로 접하라고 하지만 또 다른 누구는 어떤 대가를 치른다 해도 결과만 좋으면 된다고 한다. 실패는 친구처럼 친하게 지내야 할 무엇은 아니지만, 어쨌든 함께 갈 수밖에 없는 동반자다. 이 점을 잘 받아들일 수 있도록 아이와 함께 이야기하며 격려해 보자. 그렇게 한다면 힘든 도전이라 해도 그만큼 의미 있는 보상이 따를 테니 해 볼 만하다고 여기게 될 것이다.

비판받을 걱정 없게 하기

　사실 부모가 아이에게 가르쳐야 할 중요한 것은 현명한 자세로 도전과 실패를 대하는 법이다. 부모의 사고방식은 아이에게 강력하게 전달되어 아이가 학습에 대하여 갖는 생각에 영향을 미친다. 그러므로 실패를 논하고, 실패가 어떻게 성공보다 더 효과적으로 가르치는지 알고 싶다면 학습에서 겪는 실패를 '심리학적'으로 살펴볼 필요가 있다.

　실패나 패배에 무너지지 않는 우직한 태도는 아이를 '비판'하지 않는 학습 환경에서 자란다. 실패라는 경험이 배우는 과정에서 중요하다면 아이가 마음 놓고 도전하거나 새로운 것을 시도하면서도 쓸데없다고 느끼지 않게 해 줘야 한다. 지식과 학습을 개인의 정체성을 확립

하고 논쟁에서 이기기 위한 수단으로 여기는 '고정형 사고방식'에서 비판이 비롯된다. 결국에는 '자아'가 걸린 일이다.

> 아이가 좋지 않은 성적을 받고 "난 패배자야."라고 생각한다면
> → 자기 존중감에 위협을 느끼고, 배움이 발전하지 않음
>
> - 결과 상관없이 아이가 편한 마음으로 실패하고 시도하게 도와줄 것.
> - 아이의 자기 존중감과 정체성을 지켜 줄 때 학습 능률이 올라감.

자아는 자기 가치나 정체성을 만드는 데에 성공을 근거로 삼는다는 점이 문제다. 말하자면 실패, 실수, 무지, 지연, 패배 등을 경험할 때마다 우리는 정체성이 공격받는다거나 자기 존중감이 위협받는다고 느낀다. 아이가 기대보다 낮은 성적표를 받았을 때 '낮은 점수를 받았어.' 대신 '난 패배자야.'라고 생각하는 이유이기도 하다. 둘 중 어떤 태도일 때 스스로를 가다듬어 학습에 전념하게 될지는 뻔하지 않은가? 이상하게도 항상 정확해야 하고 절대 실수나 실패를 용납하지 않는다는 관념이 투철할수록 오히려 역경을 이겨 내기 어렵고 배움도 발전하지 않는다.

분명 무언가에 숙달하고, 통찰력을 얻고, 이해가 풍부해지려고 학습을 하기에 이런 현상은 역설적이다. 누구나 초보자로 시작해 무지와 기술이 부족함을 깨달아 가며 이런저런 경험을 한 후에야 비로소

이런 사실을 깨닫는다. 이것이 바로 실패뿐만 아니라 불확실성을 참고 견디는 것이 중요한 이유다. 현명한 부모는 아이가 결과에 신경 쓰지 않고 편안하게 시도하고, 실패하고, 적응하고, 질문하게 해 아이의 자기 존중감과 정체성을 지켜 준다.

학습이 정말 힘들고 실수로 가득한 경험이어야만 하는지 의문을 품을 수도 있다. 성취감과 자부심 같은 긍정적인 감정이 강력하게 동기를 부여할까? 당연히 자신의 단점이나 실패를 늘 마주해야 한다면 금세 풀이 죽어 학습 능률도 떨어질 것이다. 여기서 심리학자 마르시알 로사다Marcial Losada와 바버라 프레더릭슨Barbara Frederickson이 도입한 '로사다 비율'이라는 개념으로 이들 사이의 균형을 어떻게 잡는지 알아보겠다.

로사다 비율은 부정적인 감정과 긍정적인 감정 사이에는 정해진 비율이 있어 성공적이고 균형 있는 삶을 이끌어 나가는 데 도움을 준다는 점에 착안했다. 로사다와 프레더릭슨이 수학적 모형을 사용해 밝힌 바에 따르면, 긍정적인 감정이 부정적인 감정의 3배에서 11배 정도가 되면 가장 이상적이라고 한다. 그러므로 인간이 최고의 기량을 발휘하려면 긍정적인 의견, 발상, 생각, 감정을 3배에서 11배가량 더 많이 들어야 한다고 한다.

긍정적인 피드백, 보상, 강화를 받으면 도움이 된다. 하지만 너무 지나치면 역효과가 날 수 있다.

비난, 실패, 패배 역시 학습에 힘이 되지만 정도가 심하면 의욕이 떨어지고 좌절하게 된다. 하지만 부정적인 경험보다 긍정적인 경험을 3배 정도 많이 하는 사람은 결국 좋은 결과를 얻는다. 단 11배 이상을 넘어서며 '로사다 라인'까지 도달하면 오히려 성과는 나빠진다는 설명이다.

로사다 비율은 발표 이후 지금까지도 과학적 타당성이 부족하다고 강하게 비판받았고 완전히 틀렸다고도 밝혀졌다. 그런데도 관심을 끌었던 이유는 긍정적인 감정과 부정적인 감정을 최적의 비율로 경험해야 한다는 생각에 주목할 가치가 있기 때문이다.

로사다 이론이 바탕으로 삼는 과학적 근거는 무시하더라도, 부모라면 아이가 어려움과 수월함, 성취와 실망을 경험하는 데에 이상적인 비율이 있다는 생각은 검토해 볼 만하다. 긍정적인 것과 부정적인 것 사이의 비율은 무엇을 가르치는가에 따라 혹은 날마다 달라지겠지만, 부정성보다 긍정성을 강화해 주면 능률이 오른다는 점은 명백하다는 것을 기억하자.

실행 가능한 피드백 주기

　피드백은 우리가 한 행동의 결과를 알려 준다. 피드백은 내가 목표에 얼마나 다가갔는지 알려 주는 정보다. 일종의 대화와도 같아서 주고받으며 의미가 생성된다. 쉽게 말하면 아이가 본인의 행동이 어떤 영향을 끼치는지 알게 되면 스스로를 고치고 통제할 수 있어 성과, 자기 평가, 인식을 개선한다는 개념이다.

유용한 피드백을 하려면

→ 존중할 것.

→ 시기적절할 것.

→ 구체적일 것.

→ 칭찬 후 피드백하고 칭찬으로 마무리할 것.

→ 평가하지 말고 말로 설명할 것.

사실 아이가 어떤 성과를 내든 상관없이 그냥 "잘했어."라고 한마디 툭 던지는 부모들도 많다. 그러나 공허하고 성의 없는 칭찬은 성적이 어떻게 나왔는지 설명 없이 점수만 받은 것처럼 쓸모없다. 아이에게 유용하고, 실행 가능하며, 의미 있는 피드백을 주는 것은 예술이나 다름없다. 여기서 중요한 것은 특정 말이나 구절을 쓰느냐가 아니라 '어떻게' 피드백을 주는가이다. 그렇다면 어떻게 해야 아이에게 유용한 피드백을 해 줄 수 있을까?

- **존중하면서** — 기본적으로 아이가 존중받고 대우받고 있다고 느끼게 한다. 그렇게 해야만 피드백을 공격이 아니라 부모의 의도대로 받아들일 수 있다.

- **시기적절하게** — 피드백은 최대한 빨리 해야 한다. 피드백이 늦어지면 '받아들이기' 어렵다. 그런 점에서 결과보다는 과정에 목적을 둔 피드백

의 경우 작은 단위로 자주 해야 하는데, 만일 평가를 크게 한 번만 하면 아이가 어떻게 하는지 모른 채 보내는 시간이 길어지므로 사소한 실수가 더 많아지거나 상황이 더 나빠지기도 한다.

- **구체적으로** — 모호한 피드백을 하면 오히려 스트레스를 받아 의기소침해질 수도 있다. 아이가 무엇을 잘하는지, 어떤 점을 개선해야 하는지, 다른 기준에 비교해 아이가 어느 정도 위치인지, 현재 상태에서 향상하려면 어떤 단계를 거쳐야 하는지 구체적으로 알려 주어야 한다. 아이가 단지 비난받거나 야단맞는다는 느낌만 받는다면 다음으로 무엇을 해야 하는지 혹은 어떻게 노력해야 하는지 결국 모르게 된다.

- **'샌드위치 기법' 사용** — 칭찬으로 시작해, 고칠 점을 말하고, 칭찬으로 마무리하는 구조로 피드백을 하면 효과적이다. 즉 긍정적으로 고무하고 격려하는 중간 지점에 피드백 내용이 들어가는 것이다. 예를 들어 "문제 정말 잘 풀었어. 아쉽게 몇 개 틀리기는 했지만, 그래도 이제 막 공부하기 시작한 부분을 이렇게 푼 건 정말 잘한 거야."와 같이 피드백할 수 있다.

- **평가하지 말고 말로 설명할 것** — "작품을 보여 줘서 어떻게 작업했는지 알아보기 훨씬 쉬웠어."라고 피드백하면 "작품을 보여 줘서 좋았어."라고만 하는 것보다 효과적이다. 차이점이 미묘한데, 전자는 내적 동기를 유발할 뿐만 아니라 무언가가 더 좋아 보이는 이유도 설명했다. 아이도 자신만의 생각을 정리할 수 있고, 그냥 '잘했어'라는 말을 들을 때보

다 훨씬 자부심도 느낄 수 있다. 피드백할 때는 개인적인 특성보다는 행동, 기술, 능력에 초점을 둬야 한다. 그렇게 하면 성장형 사고방식을 북돋우게 되어 실패와 실수도 잘 참고 견딘다. 아이에게 수영을 가르친다고 한다면 "마치 수영 선수 같은데."보다는 "배영 자세가 훨씬 좋아지고 있어."라고 피드백하는 편이 아이의 자신감을 북돋우는 데에 더 좋다.

- **사적인 내용은 조심할 것** — 아이가 예민하다면 직접적인 언급을 피하는 것이 좋다. 부정확하게 한 부분을 직접 시범으로 보여 주거나 가상의 예를 들어 설명해야 한다. 또한 기쁘다거나 화가 났다는 등 사적인 감정을 피드백에 넣지 않는 것이 좋다.

- **여러 방법 섞어 쓰기** — 다양한 방법으로 피드백할 수 있다. 아이에게 어떤 것이 효과적인지 주의를 기울여 맞춤형 의사소통으로 최대한 잘 전달한다. 아이가 어떤 동기로 의욕을 갖는지 고려해 피드백할 때 활용한다. 예를 들어 숙달해내거나 경쟁에서 이기는 것을 중시하는 아이에게는 어떤 성과에서 어느 정도 순위인지 강조한다. 피드백은 말로 하기도 하지만 메모를 남기거나 짧고 조심성 있는 태도로 고쳐 줄 수도 있다. 그냥 미소 짓거나 엄지를 척 올리며 격려해도 된다. 교사나 주변 다른 사람에게 피드백을 받아 아이와 함께 살펴봐도 좋다.

아무리 친절하고 명료하더라도 비판이란 '여전히' 받아들이기 어려운 것임을 염두에 두고 피드백을 해야 한다. 진심과 동정심 사이에 균형을 잘 잡는 것이 중요하다.

피드백을 하는 것은 학습에 현실적으로 맞추는 과정이지만 감정적인 경험이기도 하다. 따라서 아이가 자신의 방식으로 시도해 볼 수 있게 여지를 줘야 한다. 비판하는 듯한 태도로 전달하면 아이는 바로 알아듣고 거부할 것이다. 아이가 중립적으로 받아들이도록 하려면 피드백을 활용해야 한다. 유용한 피드백은 '실행 가능해야' 한다. 아이에게 어떤 계획을 세울 것인지, 혹은 이미 피드백 받은 점을 계획에 넣었는지 확인해 보자. 이렇게 하면 당황하거나 실망하는 대신 아이가 주도권을 쥐고 빨리 행동에 옮기게 된다.

피드백과 의미 있는 행동을 연결해 주면 더욱더 효과적이다. 아이가 그것을 어떻게 확장하는지 볼 수 있어, 후에 "그전에 해 준 피드백으로 열심히 노력해서 확실하게 성장했구나. 정말 잘했어."라고 말하며 만족스럽게 피드백을 할 수 있기 때문이다. 앞서 피드백한 내용을 이후로 이어지는 피드백에서도 계속 언급해 아이가 결국 의미 있는 성과를 이루어 내게 하는 것이 좋다.

유용한 피드백은 아이가 스스로를 평가하는 능력을 키우고 관찰한 바에 따라 변화하도록 도울 뿐만 아니라, 자신의 발전을 어떻게 평가하는지도 알려 준다. 언제 어떻게 피드백하든 간에 긍정적인 말로 하면 놀랄 만큼 효과를 볼 수 있다. 알다시피 무엇을 말하는가보다 어떻게 말하는가가 중요하다. 유용한 피드백은 구체적인 세부 사항을 언급해 아이가 행동으로 옮기게 하지만 감정에도 호소한다. 피드백에 쓰는 말로 부모가 아이를 존중하고, 지지하고, 긍정적인 시선을 두고 있음이 드러난다.

"소리가 잘 들리지 않네."라고 말하는 대신 "턱을 올리고 배에 힘을 주고 목소리를 더 높이면 훨씬 잘 들릴 거야."라고 피드백하자. "이 그림은 엉망이야."라고 말하는 대신 "이 부분에서는 그림으로 전달하려는 의미가 잘 와닿지 않네. 이런 색을 써 보면 어떨까?"라고 자세하게 전달하는 것이다.

아이와 야구를 한다고 치면 "배트를 이렇게 쥐니까 자꾸 다치는 거야."라고 말하지 말고 "이렇게 배트를 잡으니 어떤 것 같니? 조금 더 위로 잡으면 어떨까?"라고 제안하자.

피드백은 조언이나 평가와 다르다. 장단점을 알려 줘도 아이가 실제로 진지하게 참고해 개선할지는 알 수 없다. 우리는 살면서 행동에 따르는 결과를 보고 행동을 조정하며 자연스럽게 배워 간다. 아이가 한 행동이 낳는 영향을 주의 깊게 보고 목표와 연결하자. '끊임없이 일관되게 하면' 아이는 깊이 학습하고 이해력과 기술을 다듬을 기회를 풍부하게 얻는다.

아이에게 제대로 된 피드백을 하기 위해서 주기적으로 다음과 같은 사항을 확인한다.

첫째, 피드백에서 목표를 언급하고 있는가? 내가 평가를 한 아이의 행동이 미리 설정해 둔 목표에 맞게 변하느냐는 질문에 대답이 된다면 피드백이 목표에 초점을 두고 있다고 본다. 목표를 뚜렷하게 설정하는 일은 학습에서 매우 중요하다. 아이가 더 큰 목표가 있음을 상기하기만 해도 과정을 고쳐 나갈 수 있기 때문이다.

둘째, 피드백이 구체적이고, 현실적이고, 실행 가능한가? 아이가 실행할 수 있도록 지도하며 지켜보았는가? 아이가 최대한 역량을 발휘해내지 못한다고 비난해 봐야 소용없다. 비판, 억측, 기대 등은 삼가고 단순하고 중립적인 사실과 피드백을 받고 정확히 무엇을 할지에 초점을 맞추자.

셋째, 아이의 특성에 맞춰 적절하게 피드백하는가? 피드백은 의사소통이므로 알맞게 전달하지 않으면 실패한다. 아이가 이해할 수 있게 전달하고 있는가?

넷째, 피드백에 아이가 제출한 과제, 보이는 과정, 이뤄 낸 성과에 관하여 의미 있는 정보가 있는가? 다시 말하면 도움이 되는 통찰력이나 아이의 실력을 향상할 수 있는 학습 기회가 정보에 담겨 있는가?

유용한 피드백은 명료하고, 목적이 분명하며, 유의미하며, 사전 지식을 활용한다. 학습 의도와 성공 규준에 초점을 두며, 학습이 진행되는 '동안' 피드백하므로 글보다 말로 전달할 때 더 효과적이다. 또한 어떤 면에서 규준을 준수했는지, 어떤 면에서 지키지 않았는지, 각각의 이유는 무엇인지 등을 알려 주며, 개선하기 위한 전략을 제시한다.

저명한 교육 연구가인 존 해티John Hattie에 따르면 '지금 어디로 가는 중인가,' '어떻게 가고 있는가,' '어디로 향하는가'와 같이 근본적인 질문에 해답을 제시하는 피드백이 유용하다고 한다. 아이가 현재 위치 및 다음으로 도달할 지점과 목표를 비교해 보고 빈틈을 알아내어 메울 수 있기 때문이다.

부모를 위한 우리 아이 학습 포인트 1

- [✓] 아이는 학습 의욕이 있어야만 배우려 하므로 동기를 유발하는 학습 환경을 조성할 필요가 있다.

- [✓] 사람은 자신이 들여야 할 노력의 정도, 얻을 법한 성과, 그 성과가 지닌 가치를 어느 정도라고 인지하는가에 따라 행동한다. 아이의 학습 동기를 유발하기 위해서는 내적인 동기를 지키면서 동시에 좋은 성과를 얻으리라는 기대심을 북돋우고, 학습 목표와 학습 과정을 더욱 가치 있게 여기게 하는 것이 중요하다.

- [✓] '게임화'는 게임 요소를 학습에 도입하는 방법이다. 즉 '레벨업'이라는 설정을 사용하고 '플레이어'가 플레이(학습 과정)를 통제하게 하며 그를 통해 보상(학습 성과)을 얻을 수 있다.

- [✓] 아이의 '학업 탄력성'을 항상 북돋워야 한다. 학업 탄력성은 '평정심', '자신감', '조정력', '몰입', '통제력'으로 이루어진다. 이러한 요소를 성장시켜 나가면 학습에서 겪는 어려움도 수월하게 극복할 수 있다.

- ☑ '생산적인 실패'란 실패를 스승으로 삼는 태도로, 아이가 더 잘 이해하고 숙달하게 이끌어 준다. 실패는 정상이고, 감당할 수 있고, 유용하다고 여기는 태도를 아이가 가질 수 있도록 도와주어야 한다.

- ☑ '비판이 없는' 학습 분위기를 조성해야 한다. 아이가 자신이 낸 성과와 자기 가치나 정체성을 동일시하지 않아야 한다. 그리하여 실패하거나 실수해도 위협당한다거나 창피하다고 느끼지 않아야 한다. 그리하여 마음껏 편안하게 탐구하고, 실험하고, 일부러 실수도 해 보면서 학습하게 된다.

- ☑ '피드백'은 학습 환경에서 아주 중요하다. 유용한 피드백은 현실적이고, 목적에 맞게 구체적이고, 시기적절하고, 유의미하고, 관련성 있고, 이해하기 쉽다. 그리고 다음에 취할 행동을 구체적이고 현실적으로 알려 준다. 단순한 비판, 조언, 칭찬, 비난만 하면 학습 목적에 맞는 피드백이라 할 수 없으므로 주의하도록 한다.

비결 2

실제로 유용한
학습 방법을
활용하라

　지금까지 어떻게 하면 아이가 학습할 수 있는 환경을 조성하며 학습 동기를 부여할 수 있는지 알아보았다. 이번 장부터는 아이가 실제 학습을 하는 과정에서 활용할 수 있는 학습 방법을 살펴보고자 한다.
　특히 지식을 얻는 과정 자체에 중점을 두고자 한다. 부모가 아이의 안내자, 멘토, 교사가 되는 것은 어떤 의미인가? '학습'이라는 특수한 과정을 좀 더 깊이 이해하고 유용하게 하려면 어떻게 해야 하는가?

문제 중심으로 학습하기

 금속 세공 일을 처음으로 하는 세공사에 관해 전해져 오는 이야기가 있다. 스승은 그 세공사에게 단단한 금속 덩어리 하나를 주고 간단한 공구만으로 복잡한 모양을 조각하라고 시킨다. 지루하고 도저히 해낼 수 없을 듯한 일을 해낸 세공사가 얻은 것은 무엇이었을까? 초보 세공사는 어느새 세공 분야의 대가로 변해 있었다.

 1984년 개봉한 영화 〈베스트 키드Karate Kid〉를 보면, 가라테 스승인 미야기는 제자인 다니엘에게 어려운 무술 동작을 가르치기는커녕 허드렛일만 시킨다. 스승이 시키는 힘든 일을 다 해내고 나니 다니엘은 어느새 가라테의 기본 동작에 통달해 있었다.

 문제를 해결하거나 목표를 달성하는 과정을 거치다 보면 배움을 피할 수 없게 된다.

'문제 중심 학습'에서 학습자는 해결해야만 하는 문제로 시작해 그 문제를 푸는 과정을 거치며 자연스럽게 학습하게 된다. 목표를 달성하려면 학습이 불가피한 것이다. A를 배우기 위해 계획을 짜는 대신, B라는 문제를 푼다는 목표를 설정하고 달성하는 과정에서 A를 배우게 된다는 개념이다. 즉 학습 전이가 일어나는 것이다.

우리는 대개 순서를 따라 정보와 기술을 배운다. 학교에서 아이는 학습 자료를 받고, 암기하고, 그렇게 얻은 정보로 문제를 푼다. 다른 공부법은 모르기 때문에 혼자 공부할 때 역시 그 방법으로 할 것이다.

문제 중심으로 학습할 때 아이는 그 문제에 대하여 자신이 얼마나 알고 있는지와 어떤 지식과 자료가 필요한지를 파악하여 그 새로운 정보를 어떻게, 어디에서 얻을지 알아내고, 이들을 취합해 문제를 해결하는 방법을 찾아야 한다. 학교에서 하는, 순서를 따르는 방법과는 상당히 다르다. 이해를 돕기 위해 실패로 돌아간 내 사춘기 시절의 연애 경험담을 가져와 보겠다.

나는 스페인어 수업을 같이 듣는 제시카에게 잘 보이고 싶었다. 운이 좋게도 나는 제시카 바로 뒷자리에 앉았다. 제시카는 스페인어 수업에 별로 관심이 없었는지 끊임없이 뒤를 돌아보며 나에게 뭔가 물어보곤 했다.

나는 첫눈에 제시카에게 반했다. 그러나 이내 의기소침해졌다. 제시카의 질문에 하나도 대답하지 못했기 때문이다. '다른 남학생들에게 물어보면 어떻게 하지?' 하는 불안감이 엄습했다. 그런 일은 절대로 일어나서는 안 되었다.

그런 생각으로 제시카가 계속 말을 걸어 주길 간절히 바라며 스페인어 공부를 시작했다. 인간이란 놀랍게도 동기가 적절하면 어떤 일이든 해낸다. 아마 그 해에 함께 수업을 들은 학생 중 내가 가장 빨리 스페인어를 익혔으리라 생각한다. 그뿐만 아니라 나는 제시카가 혹시라도 물어볼까 싶어 고어나 복합 구문까지도 공부했다.

나는 플래시 카드를 엄청 많이 만들었다. 처음에는 카드마다 뒷면에 단어 한 개만 적다가 학년이 끝날 무렵 모두 스페인어로 서너 문장이나 적었다. 그리고 결국 이 수업에서 최고점을 받았는데, 고등학교 시절을 통틀어 다른 과목에서는 거의 받아 보지 못한 점수였다. 하지만 슬프게도 제시카와는 잘 이어지지는 않았다.

내 연애담은 문제를 해결하기 위해 공부하는 경우를 보여 주는 전형적인 예시다. 나는 B라는 문제(제시카)를 풀려고 하는 과정에서 A(스페인어)를 공부했던 것이다.

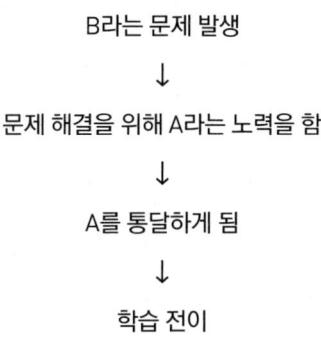

　물론 핵심은 아이가 풀고 싶어 시간을 들이는 문제에 주도면밀하게 접근해야 한다는 것이다. 즉 배운 것으로 원하는 바를 이루도록 해야 한다. 아이가 원하는 바는 새로운 악기를 익히고 싶다거나 그 악기로 유명한 곡을 연주하겠다는 등과 같은 단순한 일일 수도 있다. 문제에 매달려 해결법을 찾으려 노력하는 일이 단순히 교과서를 읽거나 수업을 듣는 일보다 더 도움이 되고 더 교육적이라는 것은 누가 봐도 알 수 있다. 직접 경험하는 일이 중요하다고 하는 데는 그럴 만한 충분한 이유가 있다.

　철학자이자 교육학자인 존 듀이John Dewey가 1916년에 획기적인 저서인 《민주주의와 교육》을 출간한 이후 문제 중심 학습법은 여러 형태로 가르치는 데에 널리 쓰였다. 이 책에서 기본을 이루는 전제 중 하나는 '행동으로 배우기'였다.

처음으로 문제 중심 학습법이 도입된 1960년대에 의대에서는 임상 환자 사례를 통해 의대생을 수련했다. 이 방법은 오늘날에도 의대에서 수련의가 환자를 진단하고 치료하는 법을 배울 때 흔히 쓴다. 의대생들은 사실과 도표를 끊임없이 암기하기보다는 진단 과정을 통해 정보를 얻는다. 읽고 쓸 때와는 다른 근육을 쓰는 셈이다.

예를 들어 다음과 같은 사례를 어떤 의대생에게 제시한다고 가정해 보자. 65세 남성 환자가 숨이 가쁜 증상을 호소한다. 교수에게 아무런 지시를 받지 않은 상황이라면 어떻게 조치해야 할까?

일단 환자의 의료 기록, 가족력, 사회 생활력을 먼저 살펴본다. 그다음에는 이 증상이 얼마나 되었는지, 하루 중 어느 때에 특히 증상이 심하게 나타나는지, 숨이 찬 증상에 이어지는 현상이 있는지, 증상을 악화하거나 완화하는 무언가가 있는지 등을 알아본다. 다음 순서로 검사를 하는데, 혈압, 심장과 폐에서 나는 소리 듣기, 다리 부종 등을 검사한다. 그 후에 임상 검사나 엑스레이가 필요한지 결정한다. 그리고 그 결과에 따라 치료 계획을 세울 것이다. 물론 이것은 시작에 불과하다.

교수가 학생에게 잠재적인 심장 질환을 다루는 법을 가르치고자 했다면 양쪽 다 성공했다. 이렇게 해서 의대생은 심장 질환에 대처하는 방법뿐만 아니라 잠재적으로 심장 질환이 될 수 있는 경우까지 모두 학습한 것이다. 탐구 기술을 실생활에서 벌어지는 사례에 적용함으로

써 학습이 현실적이고, 기억하기 좋고, 의대생에게 적합하게 된다. 연구에 따르면 문제 중심 학습을 한 의대생은 임상 추론 능력과 문제 해결 기술을 더 잘 습득하고, 더욱 깊이 있게 학습하고, 개념을 통합해 전반적으로 자료를 더 수월하게 이해한다고 한다.

문제 중심으로 가르치면 아이는 주도적으로 해결법을 찾고 문제에 접근한다. 그리고 개념이나 정보를 완전히 다른 방식으로 습득한다. 단순히 문제만 해결하는 데 그치지 않는다. 그 문제가 생긴 전체적인 정황까지 파악하게 된다. 이 과정에서 아이는 문제를 깊이 탐구해야 하므로 단순히 배운 것을 반복하는 데에 그치지 않고 심도 있게 이해하게 된다.

게다가 자발적으로 동기를 가지고 학습하게 된다. 의대생의 경우를 보더라도 배움 자체가 좋아서 배우는 것도 있겠지만, 자칫 돌이킬 수 없는 결과가 따르는 실생활 문제에 직면해 있으므로 무언가를 배워서 해결하지 않으면 안 된다.

'현실 세계'에서 학습 목표를 달성하는 데에 도움이 될 만한 시나리오나 그룹 프로젝트가 그냥 주어지는 일은 없다. 그렇더라도 우리는 특정 목적에 맞춰 학습하는 상황에 아이를 배치해 볼 수 있다. 어떤 문제가 생겼을 때 뭔가를 깊이 있게 배우는 과정을 다음 예시를 통해 참고해 보자.

어떤 주부가 식사 준비 계획을 짜고 있다. 저녁 식사가 늦어지거나 준비하기 힘든 문제를 해결하려는 상황이라고 상상해 보자. 불필요한 스트레스와 불안을 해소하고 싶지만, 사실 이 문제를 선택한 이유는 요리를 제대로 배우고 싶기 때문이다. 이 주부는 '가족 식사'라는 문제를 해결하고 싶지만, '요리 잘하는 법'도 배우고 싶다.

그렇다면 부엌에서 능숙하게 일하려면 어떤 단계를 밟아야 할까? 일단 식사 계획 체계를 세워 새로운 조리법과 요리 기술을 시도해 보는 방안이 있다. 먼저 이 문제에 대하여 알고 있는 사항부터 확인한다. 가족들은 밥을 먹어야 한다. 쉬운 요리부터 시작한다면 조리법을 배우는 일도 괜찮다. 재료가 있어야 하고, 언제 어떤 음식을 줄지 계획을 짜야 하고, 어려운 요리는 어떻게 배울지도 생각해야 한다.

그다음에 알아야 할 일이 또 있을까? 실제 조리법과 재료 목록이 필요하고, 어떤 메뉴를 가족들에게 제공할지 체계적으로 계획해야 한다. 특별한 기술을 배워야 하는지도 알아본다.

이 문제를 해결하는 데 도움이 될 새로운 정보는 어디에서 찾을까? 블로그나 인스타그램, 유튜브 등에서 조리법을 찾아, 필요한 조리법을 메모해 둔다. 요리책을 사서 읽거나, 아예 요리 수업을 듣는 방법도 있다. 다음으로 달력에 음식 이름을 써 놓거나, 식사 계획표 양식을 컴퓨터로 작성한 후 프린트를 해서 주방 잘 보이는 곳에 붙여 놓는다. 그러고 나서 장보기 목록을 작성한다. 직접 마트에 가도 되고, 시간을 절약하기 위해 온라인 쇼핑몰이나 앱을 이용하여 장보기 배달 서비스를 이용해도 좋다.

이렇게 '식사 준비'라는 난제를 문제 중심 학습법을 따라 전략적인 계획을 세워 요리 실력을 키우는 방법을 이야기해 보았다. 이미 알고 있는 것(배우고 싶은 새로운 요리 기술, 식사 메뉴, 조리법, 장보기 목록 등에 아이디어가 필요함), 알아야 할 것(요리법, 재료 목록, 달력), 정보는 어디에서 얻을지(SNS, 앱, 책, 수업 등)를 파악했다.

이렇게 식사 계획 전략을 짜면 요리 실력을 키우는 동시에 요리에 드는 시간과 비용을 줄인다. 또 준비 과정이 덜 번잡하면서도 가족의 만족도는 높아진다.

문제 중심으로 배우면 아이는 깊이 생각하며 체계적으로 문제에 접근하고 어려움을 해결하게 되며 그 과정에서 새로운 기술과 정보를 배운다. 다음과 같은 일련의 단계를 거쳐 문제를 해결하는 것이다.

먼저 문제를 정의한 후, 무엇을 알고 있는지 파악한다. 다음으로 해결법을 나열하고 성공 가능성이 큰 방법을 선택한다. 각 단계를 작업 항목으로 구성하고(표로 만들어 보면 도움이 된다), 필요한 정보와 정보를 얻는 방법을 확인한다.

문제 중심으로 학습했을 때 몇 가지 뚜렷한 장점이 있다. 문제에 초점을 맞추지 않을 때보다 학습 내용을 더 잘 기억하고, 문제점이 무엇인지, 어떻게 해결하는지 더 깊이 이해하게 된다. 여러 단계를 거치므로 오래 걸릴 것 같지만, 실제로는 실패하는 일이 드물어 시간이 절약

된다. 또한 체계적이므로 비용도 절감한다. 무엇보다 이 방법은 학습뿐만 아니라 널리 생활에 적용해 쓸 수 있다.

이러한 장점을 염두에 두며 아이에게 문제 중심으로 학습하게 해보자. 배우고자 하는 것과 해결해야 하는 문제나 달성하려는 목표를 잘 버무려 계획하려면 독창성을 발휘해야 하기에 쉽지는 않을 수 있다. 하지만 이러한 방식으로 학습하면 아이의 학습 능력이 빠르게 향상될 것이다.

소크라테스처럼 질문하기

정보가 주어졌을 때 우리는 그것이 어떤 내용인지 바로 파악하거나 이해하기 어려워한다. 그러나 이는 본인 스스로 해내야 하는 일이다. 이를 해내지 못하면 몇 번이나 반복해서 학습한다고 해도 마찬가지 결과를 얻는다. 아무리 수업을 듣고, 책을 읽고, 시청각 자료를 보아도 스스로가 이해하지 못하면 이는 불필요한 일이 될 뿐이다.

이럴 때 중요한 것이 스스로에게 질문을 던지는 방식이다. 질문을 잘하는 것은 어떤 정보를 완전히 이해하는 데 큰 도움이 된다. 그렇기에 이런 과정을 거치는 데 적합한 조건을 세심하게 조성해 주어야 한다. 그리고 대충 질문하는 흉내만 내고 끝나지 않게 해야 한다. 마치 쥐가 계속 레버를 누르며 스스로 놀라는 심리학 실험과도 같다. 발전이 없으면 접근 방식을 바꿔야 한다. 이 실험으로 열심히 일하는 게 아니라 현명하게 해야 한다는 점을 분명히 알 수 있다. 아무리 쥐가 열심히 하더라도 결과는 여전히 나쁘기 때문이다.

예를 들어 보자. 두 아이가 똑같은 역사책을 읽는다. 한 학생은 책을 읽으며 정보를 훑는다. 노트 정리도 하고 주요 항목을 잘 정리한다. 그리고 시험에서 정확하게 답안을 써 90점을 받는다.

한편 다른 아이는 같은 책을 두어 번 읽고 나머지 시간은 책에 나온 특정한 사건에 대해 이해하려고 했다. 예를 들어 왕이 왜 그런 결정을 내렸는지, 전쟁이 일어난 동기가 무엇인지 이해하려 애썼다. 그 학생은 시험에서 100점을 받았다. 이는 앞서 학생보다 더 깊이 있는 통찰력을 보였기 때문이다. 즉 세세한 부분은 빠졌으나 추론이나 판단에서 이해력이 돋보였다. 후자의 아이는 빈틈없는 질문으로 사실과 정보 이면까지 탐색하는 방법으로 내용을 숙달해 최고 점수를 받았다.

학습에서는 질문이 답변보다 더 중요하다고 한다. 취업을 준비하는 사람들은 흔히 회사 면접을 앞두고 이런 조언을 듣곤 한다. '지적인 질문'으로 본인이 지원한 회사를 잘 알고 있음을 드러내야 하기 때문이다.

물론 정보를 전부 기계처럼 암기하는 것이 목표일 때도 있다. 하지만 깊이 있게 이해하고 싶다면 질문으로 시작해야 한다. 질문을 하다 보면 밋밋해 보이는 정보가 현실 세계와 영향을 주고받으며 생기를 띤 입체적인 지식으로 변모한다. 사실이나 정보에는 이렇듯 속도나 효율성을 중시하느라 놓치는 부분이 있다. 질문을 하려면 주제를 검토하고, 무엇을 모르는지 파악하고, 자신이 알고 있는 지식이 실은 전부 틀릴 수도 있다는 점도 받아들여야 한다. 정보를 둘러싼 배경이나 맥락을 이해해야만 의미 있는 학습이 가능하다.

사실 교과서는 광범위한 내용을 포괄하므로 미묘한 사항들까지 전부 다루진 못한다. 읽은 내용을 완전히 이해한다는 것은 하나의 경로에 들어선 것이다. 그러다 질문을 하면서 그 경로가 돌아가는 길이라거나 심지어 정확하지도 않음을 깨닫게 된다. 관점을 달리하면 여러 경로가 생긴다는 사실도 이해하게 된다. 질문을 하면 잘못 이해하는 부분은 고치고 이미 아는 부분은 보강할 수 있다. 결과적으로 같은 교과서를 읽고도 미묘한 부분까지 더욱 정확하게 이해하게 된다. 이것이 질문을 던졌을 때의 강점이다.

다행히 수천 년 전부터 이 점을 잘 알고 있던 현명한 이들이 있다. 통찰력 있는 질문을 하는 데에 유용한 체계를 만든 사람은 바로 고대 그리스의 철학자인 소크라테스다. 소크라테스가 가르치는 방식은 주로 대화와 질문으로 이루어졌으므로 '소크라테스식 문답법'이라고 불렸다.

'소크라테스식 문답법'이란 질문에 대해 질문을 하며 주장이나 진술을 상세하게 검토하며 이해를 돕는 방법이다. 질문을 하는 사람은 공격수처럼 보이지만, 실은 질문자와 답변자 모두의 실력을 강화하고 주장이나 진술이 바탕을 둔 기본 가정이 무엇이며 어떤 동기에서 비롯되었는지 알기 위해 질문한다. 그 질문 과정에서 효과적으로 질문하는 데 쓰는 체계가 나타난다.

만일 내가 어떻다며 의견을 표명하는데 상대가 어깨를 으쓱하며 "그래서요? A와 B가 어떻다는 말인가요?"라고 반응한다고 가정해 보자. 기분이 언짢을 수도 있지만 질문자는 자신의 역할을 잘하고 있다.

미국의 로스쿨은 소크라테스식 문답법으로 가르치는 것으로 잘 알려져 있다. 교수가 학생에게 질문하면, 학생은 해당 사건이나 법이 옳고 그름에 관해 본인이 한 대답을 변호하며 질문에 답한다. 양쪽이 적대 관계는 아니지만, 상대를 거칠게 내몰며 논리의 근거와 타당성을 설명하라고 압박한다. 당연히 지식의 빈틈과 논리적 결함이 드러날 수밖에 없다. 이 과정을 통해 심도 있게 이해하고 통찰하게 되는 것이 목적이다.

그렇다면 정확히 소크라테스식 문답법이란 어떤 것인가? 사실 이 문답법은 스스로가 지닌 논리를 심문받는 것이나 다름없다. 문답법으로 아이는 자신이 먼저 세운 가정을 버리고 놓친 점은 없는지 살펴보게 된다. 소크라테스 방식으로 거침없이 질문을 받고 조목조목 비판받은 후에도 여전히 무언가가 남아 있다면 깊은 이해력과 정당성이 입증된 셈이다. 반면 알고 있는 바가 잘못되었거나 이해에 빈틈이 발견된다면 찾아서 고치고, 반박하며 입증할 것이다. 이러한 과정이 바로 '심층 학습'이다.

이해를 돕기 위해 예시를 들겠다. 내가 누군가에게 하늘이 파랗다고 진술한다고 하자.

단순한 사실을 진술한 것으로는 의심의 여지가 없어 보인다. 누가 봐도 하늘은 파랗기 때문이다. 우리는 어릴 때부터 하늘은 파랗다고 생각했다. 하지만 여기서 질문하는 목적은 하늘이 파랗다는 점에 대한 지식을 더 잘 습득하기 위해서다. 그러므로 누군가가 '왜' 하늘이 파랗다고 생각하는지 물어보는 경우를 가정하자.

이 질문에 여러 가지로 대답할 수 있을 것이다. 일단 하늘이 바다를 반사하기 때문에 파랗다고 알고 있으며 바다도 파랗지 않느냐고 대답한다. 이 대답을 들은 질문자가 하늘이 바다를 반사한다는 건 어떻게 아느냐고 다시 질문한다.

하늘은 파랗다

→ 질문 1: 왜 하늘이 파랄까?
→ 답 1: 바다를 반사하기 때문이다
→ 질문 2: 하늘이 바다를 반사하는 것은 어떻게 아는가?

- 하늘이 파란 이유를 아는지 모르는지 드러남.
- 확실히 아는 지식과 모르는 지식 구분이 가능해짐.

이 질문에 어떻게 대답할까?

소크라테스식으로 질문을 몇 개만 던졌을 뿐인데도 하늘이 지구의 바다가 띤 파란색을 왜 혹은 어떻게 반사하는지(혹은 반사하지 않는지) 내가 모르고 있음이 이내 드러났다. 당연하게 믿던 생각을 설명하려다가 자신이 사실은 모른다는 사실을 깨달으며 놀란다.

이것이 바로 소크라테스 문답법이 중요한 이유다. 단순한 질문들을 연달아 받아 정직하고 진지하게 대답하다 보면, 자신이 안다고 믿었던 것을 더욱 자세히 이해하게 되고 무엇을 모르는지도 깨닫게 된다. 그것을 깨닫는 일은 자기가 '진정으로' 무엇을 알고 있는지 인지하는 것만큼 중요하다. 자신에게 어떤 허점과 약점이 있는지 알려 주기 때문이다.

철학자인 리처드 폴Richard W. Paul은 소크라테스식 문답법을 여섯 가지 유형으로 정리했다. 이 유형을 살펴보면 아이에게 어떻게 질문하면서 아이의 학습 능력을 향상시키고 지식에 있는 빈틈을 채울 수 있는지 알 수 있다.

명료하게 하기 위한 질문하기

지금 말하는 내용은 실제로 무엇을 의미하는가? 이 정보 이면에 드러나지 않은 동기나 중요성이 있는가? 이 정보로 무엇을 얻으려 하는가? 앞서 하늘이 파랗다고 한 주장을 살펴보자. 다음은 각 범주에 해당하는 예시 질문으로 생각을 명료하게 하고 검토하기 위해 물어볼 수 있다.

- 하늘이 파랗다면 그 사실은 왜 중요한가?
- 이 문제에서 주요 쟁점은 무엇인가?
- 그것이 전반적으로 토론과 어떤 관련이 있는가?
- 그렇게 말하는 이유는 무엇인가?

가정 검토하기

주장이 바탕을 둔 전제는 무엇이며, 타당한 근거가 있는가? 어떤 의견이나 신념이 있는가? 증거에 바탕을 둔 사실은 무엇이며, 다른 방법으로도 증명됐는가? 과학 책이나 관련 자료를 늘 검토하지 않는 한, 가정에는 정확할 수도 있지만 부정확한 요소가 있을 수도 있다.

- 내가 생각하는 파란색과 다른 사람이 생각하는 파란색은 같은가?
- 왜 하늘이 파랗다고 생각하는가?
- 하늘이 파랗다고 믿게 된 계기는 무엇인가?
- 하늘이 파랗다는 것을 어떻게 증명할 수 있는가?

이론적 근거, 이유, 증거 검토하기

증거가 믿을 만하고 타당한지는 어떻게 아는가? 어떤 결론을 얻었으며 구체적으로 어떤 근거, 이유, 증거를 들었나? 놓치거나 간과한 것이 있는가?

- 하늘의 색깔이 그렇다는 증거는 무엇인가? 그 증거가 설득력이 있는 이유는 무엇인가?
- 정확히 어떻게 바다가 반사한 색을 하늘이 띠는가?
- 왜 그것이 사실이라고 생각하는가?
- 정보에 부정확하거나 왜곡된 부분이 있는가?

견해나 관점에 대하여 질문하기

누구나 특정 편견에서 비롯된 말을 하거나 주장을 내놓기 마련이므로 반대를 위해 반대해 보기도 하고 무엇이건 의심하는 태도도 견지해 본다. 반대되는 견해나 관점을 선택하지 않는 이유는 무엇이며, 아니라고 보는 이유는 무엇인가?

- 왜 그것이 하늘이 파랗다는 것을 증명하는 데 적합한 근거가 되는가?
- 하늘이 빨갛다고 증명하는 데에도 똑같이 말하면 되는가? 왜 그렇다고 생각하는가? 혹은 왜 그렇지 않다고 생각하는가?

- 반론은 무엇인가?
- 왜 하늘이 바다색을 띠는 대신 바다가 하늘색을 띠면 안 되는가?

시사점과 결과 검토하기

결론은 무엇이며 왜 그런가? 다른 시사점이 있을 수 있는가? 결론이 이렇게 나온 데에 특별한 이유가 있는가? 결과적으로 어떤 일이 일어날까? 왜 그럴까?

- 하늘이 파랗다면, 어떻게 반사한다는 뜻인가?
- 이 결과가 시사하는 바는 무엇인가? 무엇을 결정하는가?
- 하늘이 파랗다면, 바다는 어떻다는 뜻인가?
- 이 증거와 연구로 지구에 대해 무엇을 증명할 수 있는가?

질문에 대하여 질문하기

이 방법은 자신에게 질문할 때는 그다지 효과적이지 않다. 타인에게 질문할 때 그들이 왜 그런 질문을 받는지, 왜 그런 방식으로 질문하는지 성찰하게 하고 무언가를 생각하게 한다. 어떤 의미로 그런 말을 했는가? B가 아니라 A에 대해 질문한 이유는 무엇인가?

- 내가 하늘이 어떤 색이라고 믿는지 질문한 이유가 무엇이라고 생각하

는가?
- 내가 무엇을 하려고 이 질문을 했다고 생각하는가?
- 다른 주제와 관련해 이 지식이 어떤 도움이 되리라 생각하는가?
- 이 지식을 일상생활이나 앞서 논의했던 점에 어떻게 적용하는가?

얼핏 보면 복잡하거나 모호하고 비슷한 말만 반복하는 듯할 수도 있다. 그러나 이렇게 묻는 데에는 다 이유가 있다. 각 질문이 비슷하게 보여도 정확히 알맞게 답하면 여러 방향으로 전개된다. 파란 하늘의 예시에서는 스무 개가 넘는 질문을 하고, 하늘이 파랗다는 단순한 주장에 대해 스무 개가 넘는 답변과 검토가 따른다. 답변자가 제대로 된 지식도 없고 한정된 지식만 맥락도 모른 채 되풀이하고 있다면 바닥이 금세 드러날 수밖에 없다.

소크라테스식으로 질문하면 자신이 알고 있다고 믿는 것을 정말 아는지 확인할 수 있다. 자신이 갖고 있는 지식이나 기술을 체계적으로 살펴보며 재확인하는 과정이라 할 수 있다. 숙달했음을 확인하든 놓친 점을 정확히 알아내든 이득이 따르는 결과가 나오게 된다.

이러한 소크라테스식 문답법은 위에서 든 예시처럼, 과학과 관련된 주제를 깊이 이해하기 위해 써 보는 것을 추천한다. 위에 제시한 여섯 가지 질문 유형이 어렵게 느껴진다면, 아이의 수준에 맞춰 더 쉽게 바꿔서 적용하면 된다. 이렇게 묻고 답하는 과정을 통해 아이는 더 깊이 배우고, 결함을 찾고, 이해하게 되면서, 지식을 확실히 자신의 것으로 만들 수 있을 것이다.

비판적인 사고를 하기

소크라테스 방식으로 질문해 봤다면 자기도 모르는 새 '비판적 사고'를 하고 있다는 사실을 깨닫게 될 것이다. 비판적으로 사고하게 되면 마치 우리의 머릿속에서 깊이 있는 질문을 하거나, 일관성이 없는 상태를 지적하거나, '지금 무얼 하는 거지? 이건 무엇이지? 그것이 무엇을 의미하는 걸까?'라고 자주 물어보는 상태가 된다.

비판적인 사고에서는 '무엇을 배우는가'보다 '어떻게 배우는가'가 중요하다. 비판적으로 자주 사고한다면 사고의 품질이나 장점을 더 훌륭하게 개선할 수 있을 뿐만 아니라 더 전문적으로 학습하게 된다.

그렇다면 어떻게 비판적으로 사고하는 걸까? 앞서 소크라테스식 문답법에서 아무것도 당연시하지 않는다는 원칙을 살펴봤다. 누군가가 질문을 하는 순간, 전혀 답이라곤 모르는 상태가 되고 무엇도 추측하지 않는다. 아무 추측이나 가정을 하지 않음으로써 더 깊은 통찰력을 얻게 된다. 이러한 자세를 가지면 과학적이고 객관적인 방법을 강화하게 되고, 진정한 호기심을 성장시키게 된다.

최대한 개입하지 않고 아이에게 소크라테스처럼 질문하게 유도해 보자. 관심을 가질 만한 질문을 하고 스스로 결론을 얻게 하는 것이다. 즉 '자기만의' 생각을 형성하도록 도와주는 것이다. 어떤 가정이라도 이의를 제기할 수 있게 하자.

이렇게 하면 탐구의 과정에서 아이가 중심이 되어 주도권을 쥐고 발전하게 된다. 그리고 아이는 이를 이해하려 노력하게 된다. 아이의 머릿속에 학습 내용을 주입하는 데 목표를 두는 대신, 아이가 마음을 열고 의식 있고 성숙한 자세로 각자 능력에 맞게 학습하도록 돕는 데에 목표를 두도록 한다.

그렇다고 해서 제대로 고민도 거치지 않고 아무 의견이나 갖도록 한다는 뜻은 아니다. 생각을 가지고, 의견을 표현하고, 무언가를 주장하려면 그럴 만한 가치가 있어야 한다. 다만 편견이나 가정이 정당한지 거리낌 없이 이의를 제기해야 한다는 의미인 동시에, 어떤 주장이든 충분히 근거가 있다고 판단하기 전까지는 중립적인 입장으로 판단을 보류한다는 의미다.

본인이 갖고 있는 편견에 사로잡히지 않도록 하며 이러한 태도를 몸소 실천할 필요가 있다. 아무리 굳게 믿는 신념이라도 최근에 새로이 밝혀진 근거가 있다면, 거기에 맞춰 다듬는 일이 당연한 과정임을 보여 주어야 한다. 자칫 자신의 자존심을 건드린다고 생각하며 완고하고 폐쇄적인 태도를 보이기 쉽다. 따라서 마음을 열고 부족한 점을 적극적으로 발견하고 스스로 보완한다면, 아이는 학습을 하는 데 있어 더 믿고 따르게 될 것이다.

싸움에 임하듯이 지나치게 강하게 나갈 필요는 없다. 배우는 과정이니만큼 실수를 한다고 해서 당황할 일도 아니다. 이러한 과정을 겪는 일도 학습이며, 정말로 지적인 사람들은 자신이 실수하거나, 무지하거나, 틀렸다는 사실이 드러나도 두려워하지 않는다.

흔히 '성장형 사고방식'이라 불리는 이러한 사고방식은 두려움, 편견, 아집을 내려놓고 대신 데이터와 지식을 중심에 둔다. 인간은 누구나 자신의 신념, 편견, 기대, 결함 등과 관련지어 사고하며, 특이한 개인사에서 자유롭기 힘들다. 그러나 비판적으로 사고한다는 말은 사실이나 논리와 신념을 주도면밀하게 분리한다는 뜻이다. 지적인 사람이라면 분명 "A가 사실인 편이 좋다. 하지만 사실이 아니라는 증거가 확실하므로 내가 틀렸다고 인정한다."라고 말할 것이다.

성장형 사고방식은

→ 두려움, 편견이 아닌 데이터와 지식에 중점을 둠
→ 편견 없이 비판적으로 검토하려고 함
→ 정답이 아닌 답을 찾아가는 경로를 만들어 감

🟠 비판적으로 생각하는 것은 '메타인지'의 특징.

비판적으로 사고하는 사람은 어떤 생각이나 신념을 계속 고수하려 들지 않는다. 실제로 배우다 보면 우리가 갖는 생각이나 사상은 계속 변하고 새로워진다. 기존의 사상을 버리는 일을 약점이라고 보거나 실수라고 할 수는 없다. 오히려 데이터를 축적하며 우리의 궁극적인 목적인 깊이 있는 이해를 향한 발걸음에 박차를 가한다고 봐야 한다.

그러니 아이에게 어떤 내용이든 탐구해 보게 하자. 그렇게 되면 아이는 편견 없이 비판적으로 검토하는 태도를 지니게 될 것이다. 이 과정에서 아이가 자신이 아는 사실에서 잘못된 점을 발견하면, 응원하면서 확인해 보자. 그러나 누구의 생각이 더 낫다고 칭찬하는 일은 조심해야 한다. 부모가 할 일은 '정답'을 찾는 데 있다기보다 답을 찾아가는 알맞은 경로를 아이를 위해 만들어 가는 데에 있다.

현실 세계에서는 깔끔하고 쉽게 답을 내기 어려운 경우가 많다. 아이에게 미묘한 차이점은 어느 정도 받아들이라고 하는 것이 좋다. 또한 견해를 갖되 억지로 결론 내리거나 섣부르게 의견이나 감정을 표명하지 말라고 가르치는 것이 좋다. 비판적으로 생각한다는 것은 '메타인지'의 전형적인 특징이다. 인간은 자신이 외부 세상을 해석하는 사고방식 자체에 대하여 생각하는 법뿐만 아니라, 자신이 세상을 인지하는 방식은 제대로 작동하는지, 더 잘 작동하려면 어떻게 하면 되는지, 더 잘 작동할 수는 있는지 등에 대해 중립적인 태도로 생각하는 법까지도 배운다.

당연한 일이지만 비판적으로 생각하는 능력을 갖춘 부모만이 비판적 사고가 갖는 힘을 가르칠 수 있다. 아이에게 기회는 언제나 있으니 스스로를 성찰하고, 의문을 제기하고, 편견을 깨고, 무심히 지나치던 일을 검토해 보라고 독려해 보자. 부모가 직접 실천해 보이면서 가르친다면 아이는 부모를 따라 더 적극적으로 배우게 될 것이다.

실제로 도움이 되는 활동을 해 보기

　학습 효과를 거두려면 이제는 현실로 돌아와야 한다. 추상적인 원칙을 이해하며 시작하더라도 어느 시점부터는 구체적인 행동을 해야 한다. 이론적인 체계를 정확하게 잘 잡으면 아주 단순하고 소박한 '활동'도 새로워 보일 것이다. 어떠한 상황에서도 아이에게 효과적으로 가르칠 수 있는 실제적인 방법 몇 가지를 소개하겠다.

학습 내용을 명확하게 익히려면

→ 정리한다
→ 종합하고 관찰한다
→ 개념도나 벤다이어그램을 그려 본다
→ 스토리보드를 만들거나 학습 내용을 차트로 요약한다

✅ 많은 데이터를 신속하고 간결하게 정리할 수 있음.
✅ 공부하는 힘을 기르는 메타인지 능력 상승.

다음의 내용을 읽으면서 특정 목적을 달성하기 위해 어떤 방법을 쓸지 결정한다. 중요한 것은, 아이가 학습 내용을 잘 이해하게 하는 것에 우선순위를 두어야 한다는 점이다. 효과가 없다면 그만두고, 괜찮으면 효과를 거둘 때까지 세세하게 방법을 조절해 본다. 역동적이고 유동적인 연습을 통해 아이가 자연스럽게 이해하고 학습하도록 도와야 한다는 사실을 반드시 기억하자.

학습 내용을 정리하게 하자

내용에 숙달했는지 확인한다기보다 학습 과정을 반성하고 평가하기 위해서다. 아이에게 그날 공부한 주요 내용, 여전히 어렵게 느끼는 점, 질문사항 등을 쓰게 해 본다. 이렇게 하면 아이가 현재 이해한 정도에 맞춰 다음에 공부할 내용을 체계화할 수 있을 뿐만 아니라 적극적으로 자기 성찰을 하게 할 수도 있다.

학습 내용을 종합하게 하자

학습은 유의미한 연관성을 만드는 일이라는 점을 기억하자. 아이에게 두 가지 서로 다른 출처에서 자료를 가져와 종합해 보라고 하자. 예를 들어 교과서에 있는 내용과 인터넷에서 찾은 내용을 연결 짓게 하는 것이다. 또는 관점이 다른 책 두 권에서 다른 내용을 비교하고 대조한 뒤 전혀 다른 관점을 새롭게 끌어내게 할 수도 있다. 이렇게 하면 학습 내용을 어느 정도 이해하는지 파악해 빈틈을 채우는 데 도움을 줄 수 있다. 그뿐만 아니라 복잡한 내용이나 시사점에 대하여 '혼자 힘으로 생각하도록' 이끌 수도 있다.

이 방법은 특히 사회 과학 분야를 익힐 때 유용하다. 이론가마다 사물에 대하여 가진 관념이 독특하기 때문이다. 철학자 세 명에게 삶의 의미가 무엇인지 묻는다면 모두 자기가 인생을 이해하는 방식에 따라 각기 다른 답을 내놓을 것이다. 이를 통해 아이는 서로 다른 관점을 비교하면서 특정 개념이나 주제를 전체적인 시각으로 보고 이해할 수 있게 된다.

관찰법을 활용하자

아이에게 누군가가 토론하거나 활동하는 것을 관찰하게 한 뒤 드는 생각을 메모하고, 질문하고, 해석해 보라고 할 수 있다. 이렇게 하면 다른 사람이 하는 일을 데이터로 삼아 분석하고 사고하게 된다. 또한 정적이고 흥미롭지 않을 수 있는 과정에 새로운 의미를 더할 수 있다.

이러한 방법들을 활용하면 다음과 같은 장점이 있다. 먼저 아이가 선제적으로 행동하며 학습하게 되고, 아이의 이해도가 어느 정도인지 파악할 수 있는 기회가 생긴다. 또한 아이에게 의미 있는 피드백을 해 줄 수 있게 된다.

이와 같은 활동을 이용하여 과학적이면서 열린 자세로 소크라테스처럼 질문하여 깊이 있게 학습하도록 아이를 지원하고 평가할 수 있다. 이 활동 외에도 시각적으로 활동해 볼 수도 있다. 시각적인 표현은 아이가 하는 생각을 외부로 드러내게 하므로 이해를 어느 정도 하는지 파악하고, 수정하고, 지도할 수 있다. 시각적인 데이터는 직관적으로 이해할 수 있고 꾸밈이 없으므로 다른 형태로 된 정보에 비해 쉽게 기억할 수 있다. 다음의 활동을 활용해 보자.

개념도를 만들자

먼저 상자나 원에 개념을 쓰고, 연결선으로 개념 사이의 관계를 나타낸다. 개념도는 개념을 연결하고 명확히 하는 데에 유용하다. 이미 학습한 내용을 정리하는 데에 활용하거나, 무언가를 설명하기 위해 쓸 수도 있다. 아이가 얼마나 알고 있는지 또는 어디를 어려워하는지 알아내기 위해 그려 보게 할 수도 있다. 그렇지만 아이에게 개념도를 직접 그리게 하는 것은 쉽지 않다. 그럴 때에는 완성되지 않은 개념도를 부모가 미리 그려 아이에게 채우게 하거나, 일부러 정확하지 않게 만든 개념도를 고쳐 보게 하면 좋다.

하지만 개념도는 기능적이면서 논리적이어야 효과를 얻을 수 있다. 주요 개념으로 시작해 위계에 따라 구조를 구축해야 한다. 예를 들어 일반적인 것에서 구체적인 것으로 변하거나 잘 알려진 것에서 미지의 것으로 변하도록 화살표 종류를 달리하여 표시할 수도 있고, 관련된 정도를 선의 진하기를 달리해 표시할 수도 있다. 이렇게 개념도를 학습하려는 주제에 맞춰 활용한다면 아이에게 유용할 것이다.

벤다이어그램을 이용하자

그림 하나로 수천 단어를 전한다는 말이 있다. 특히 벤다이어그램(집합 사이의 관계를 쉽게 설명하기 위해 나타낸 도식)은 둘 이상의 주제 사이에 있는 관계를 빨리 전달하고 아이가 겹치는 분야 및 서로 다른 분야를 이해하는 데 도움을 준다. 벤다이어그램으로 두세 개의 개념을 비교하고 대조해 아이가 더 명확하게 특정 관계를 파악할 수 있게 하자.

그렇다면 벤다이어그램을 어떻게 이용하면 좋을까? 예를 들어 보자. 물리적인 특성에 따라 동물을 분류하고자 한다. 세 가지 특성을 들어 보려고 하는데, 벤다이어그램으로는 특성 두 가지를 두고 한 가지 비교만 할 수 있다. 첫 번째 특성은 수영할 수 있는 동물이다. 수영이 가능한 동물을 모두 나열한다. 개, 인간, 오리, 고래, 바다거북, 해파리, 물고기 등이 있을 것이다. 두 번째 특징은 공기 호흡을 하는 동물이다. 목록을 만들다 보면 어떤 예시는 첫 번째 특성인 수영과도 겹친다는 것을 알게 된다. 바로 인간, 개, 고래, 오리, 바다거북이다. 지렁이나 침팬지처럼 공기 호흡은 하지만 수영은 할 수 없는 동물도 있다. 세 번째 특징은 다리다. 다리가 있는 동물로 수영도 하면서 공기 호흡까지 하는 동물도 있다. 여기에는 인간, 오리, 개가 해당한다.

이제 이러한 유사성을 바탕으로 벤다이어그램을 만든다. 먼저 원을 커다랗게 그리고 위에 '수영 가능'이라고 쓴 뒤 원 안에 예시를 적는다. 한쪽에는 공기 호흡도 할 수 있는 동물 이름을 쓰고 반대쪽에는 수영만 할 수 있는 동물을 쓴다. 이제 '공기 호흡 가능'이라고 쓴 원을 그리는데 수영이 가능한 원에 속한 동물도 있는지 확인하자. 인간, 오리, 개는 두 개의 원에 모두 속하지만, 해파리는 수영이 가능한 원에만 있다. 공기 호흡만 할 수 있는 동물을 나머지 공간에 써넣는다. 마지막으로 원을 그리고 '다리 있음'이라고 쓴다. 그리고 먼저 그린 두 개의 원에서 해당되는 동물을 모두 넣는다. 인간, 오리, 개는 세 번째 원에도 들어간다. 공기 호흡이 가능한 원에 있는 침팬지 같은 동물은 세 번째 원에도 들어간다.

결과적으로 원 세 개가 겹쳐져 있어서 각 동물이 세 가지 중 어떤 특성을 지니는지 한눈에 보인다. 동물 이름을 배치하는 연습이 필요하지만 익숙해지면 벤다이어그램은 유용한 시각적 도구로 활용할 수 있다.

KWHL 차트를 써 보자

다음 네 가지 요소로 차트를 만든다.

- **K** — 무엇을 아는가know?
- **W** — 무엇을 알고 싶은가want?
- **H** — 어떻게 알아낼 수 있는가How?
- **L** — 무엇을 배웠는가learnt?

아이에게 세로로 네 칸이 있는 표를 그리게 하고, 칸의 상단마다 질문을 각각 쓰게 한다. 각 질문을 바탕으로 탐구 질문이나 학습 활동을 만든다. 이렇게 미리 만들어 둔 KWHL 차트를 활용해 자기 주도적으로 학습을 한다.

아이가 만약 수학에서 특정 개념을 어려워할 경우, KWHL 차트를 통해 이미 알고 있는 것과 모르는 것을 잘 배치하게 한다. 지식에 빈틈이 있는지 파악하면 양질의 정보로 채워야 한다. KWHL 차트를 활용해 앞서 살펴본 비판적으로 사고하는 기술을 훈련할 수 있다. 그뿐만 아니라 자신을 성찰하는 데도 도움이 된다. 첫 번째 질문으로 돌아가 내가 무엇을 아는지 전보다 더 알게 됐는지 점검할 수 있기 때문이다.

스토리보드로 창의성을 발휘하자

스토리보드(영화나 광고 주요 장면을 그림이나 사진 등으로 정리한 계획표)는 순차적으로 일어나는 과정을 시각적으로 나타낸다. 스토리보드는 만화, 그림 등을 써서 자료에서 가장 두드러지는 점을 보여 주므로 이해하기 쉽다. 만드는 데 시간과 노력이 들기 때문에 인터넷 등 여러 자료를 최대한 이용하여 아이와 함께 만들면서 요약이나 학습 도구로 활용할 수도 있다.

이러한 활동에는 다음과 같은 특징이 있다. 먼저 많은 데이터나 정보를 신속하고 간결하게 전달한다. 또한 관련성, 인과관계, 유사성, 차이점 혹은 데이터 항목이 어떻게 연결되었는가와 같이 순서를 강조한다. 마지막으로 자료를 체계적으로 정리해 이해하는 정도를 측정하고, 피드백을 주고, 수정하고, 관련 분야를 확장하게 한다.

언제나 그렇듯이 아이가 출발점에서 어느 정도 알고 있는지, 학습 후에 도달할 목표 지점은 어디인지 명확히 이해한 '후에' 학습하도록 해야 한다. 가르칠 내용의 본질을 잘 이해할수록 더욱 적합하며 본래 의도에 맞는 방법으로 학습하게 된다.

    긍정 심리학자 앤서니 로빈스Anthony Robbins는 이렇게 말했다. 그렇게 상상하지만 않는다면 세상에 못할 일이란 없다고 말이다. 여기서 제시한 방법을 아이의 특성에 맞춰 활용해 보자. 그렇게 한다면 아이는 지식을 쌓고 자신감을 지니며 학습에 적극적으로 임할 수 있을 것이다.

부모를 위한 우리 아이 학습 포인트 2

- ☑ '문제 중심 학습'은 문제를 제시하고 해결법을 스스로 찾으며 궁극적으로는 학습 내용을 깊이 이해하게 하는 방법이다. 아이가 자신의 학습에 책임을 지는 방법으로 현실적이고, 실제 생활에 적용 가능하며, 학습한 내용을 기억에 남게 하는 데에 매우 효과적이다.

- ☑ '소크라테스식 문답법'은 전략적으로 질문을 던지는 방법이다. 핵심은 질문을 함으로써 아이에게 의견을 표현할 여지를 준다는 데에 있다. 일단 아이가 생각을 드러내면 명료하게 하도록 요청하고, 대충 넘어간 내용은 자세히 설명할 수 있도록 하며, 아이가 한 진술에 문제를 제기하면서 생각을 검토한다. 이러한 전술로 지식에 있는 빈틈이 드러나게 해 스스로 새로운 개념을 배우고 이해하도록 돕는다.

- ☑ '비판적으로 사고하기'는 상위 수준의 개념을 배우는 데 알맞다. 사고의 특성, 자료, 학습 과정 그 자체에 대하여 생각하는 메타인지를 발달시키기 때문이다. 당연한 일이란 없다는 불확실성이나 모호함을 견디는 자세와 편견 없는 태도에서 비판적인 사고가 가능하다.

- ☑ '학습한 내용 정리하기', '종합하기', '관찰하기'와 같은 활동이나 '관계도', '벤 다이어그램', '스토리보드' 등과 같은 시각적인 자료를 이용하여 학습을 효율적으로 할 수 있다.

- ☑ 이와 같은 방법을 사용하면 아이는 선제적으로 학습하며 '메타인지 능력'을 끌어올릴 수 있다. 또한 부모는 아이가 얼마나 잘 이해하는지 확인할 수 있을 뿐만 아니라 아이에게 유용한 피드백을 줄 수 있다.

비결 3

전체를 파악하는 능력을 키워라

효과적으로 학습하기 위해서는 '전체적인 관점으로 보는 능력'이 필요하다. 아이는 일부에 불과한 작고 불분명한 부분을 주로 보지만 어른은 전체를 다 보고 사물이 전체에 어떤 식으로 연결되었는지 이해할 수 있다. 그래서 어떤 것이 가치 있는지 아이에게 가르쳐 줄 수 있다. 이러한 차이가 없다면 어른이나 아이나 똑같이 헤맬 것이다.

현명한 부모는 전체 '지형'을 보고 현재 눈앞에서 벌어지는 상황을 파악할 수 있다. 이 능력이 있기에 과업에 우선순위를 매기고, 정확하게 계획하고, 목표도 세운다. 아이를 잘 가르치기 위해서는 이 능력은 굉장히 중요하다. 이러한 능력이 있어야 당면한 학습 내용을 보는 전체적인 관점을 아이에게 잘 전달할 수 있다.

전체 지형을 잘못 보거나 완전하게 보지 못하면 잘못된 관점을 가르치게 되므로 아이의 학습을 방해하고 그르치게 된다. 마치 광대한 지역을 탐험하는데 좋은 지도가 없어 길을 잃고 헤매느라 앞으로 닥칠 문제나 다가올 기회를 예측하지 못하는 것과 같다. 더 근본적인 문제는 아이가 확신을 품거나 신뢰하지 못한다는 점에 있다. 완전히 틀린 내용을 알려 줄 위험성도 있다.

아이에게 어떤 분야를 가르칠 수 있는 지식을 부모가 가지고 있다 해도 그 지식을 전달하는 일이 관건이다. 즉 지적인 분야에 정통한지 여부가 중요한 것이 아니라, 그 분야에서 관련 없는 부분을 제거하고 관련 있는 부분에 집중할 수 있게 해 주어야 한다. 그렇지 않다면 누구나 구글이나 인터넷만 검색하고 공부해도 완벽하게 학습할 수 있을 것이다(그러나 알다시피 현실은 그렇지 않다).

아이가 잘 학습하도록 하기 위해서는 기본적으로 전체 지형을 다듬어서 단순화된 모양으로 그려 지도를 만들어야 한다. 주도면밀하게 구성하고, 요약하고, 설계해 특정 개념을 이해하기 쉽게 해야 한다. 그리고 단순화된 지도지만 풍경을 정확하게 재현해야 한다. 세부 사항은 좀 생략할 수 있어도 전체가 틀려서 나중에 아이가 찾아내거나 하는 일이 있어서는 안 된다.

어떤 영역을 지도로 만들기 위해서, 즉 전체 모습을 보여 주는 단순화된 형태로 만들려면 깊이 생각해야 한다. 이때 체계적으로 명료하게 만들면 오해와 혼란을 대부분 막을 수 있다. 전체 내용을 단순화하는 연습에는 누군가에게 새로운 자료를 '가르치는' 연습하기, 방금 읽은 자료에 관해 간략하게 말하거나 발표하기 등이 있다. 어떤 정의나 생각을 전문가가 아닌 사람이나 열 살 아이에게 설명할 수 없다면, 아무리 전문가라도 그 개념을 진정 이해한 것은 아니라고 할 수 있다.

다른 누군가를 가르칠 때야말로 지식에 빈틈이 드러난다. 다시 말하면 누군가를 가르치면서 자기에게 있는 지도나 모형이 일관성 없거나 불완전하다는 사실을 깨닫게 된다. 그 땅의 지형도 제대로 모르면서 초짜를 미지의 지역으로 안내할 수는 없다. 출발하기 전에 복잡하고 생소한 지형을 통과하는 코스를 계획해 최종 목적지가 어디인지 알고 있어야 하는 것이다.

그렇다면 아이의 학습에 도움이 되는 지도는 어떻게 만들까? 지도는 일련의 '연결'로 볼 수 있다. 동떨어진 생각, 개념, 사건, 이론을 모아 전반적인 모습을 잡고 한데 연결하면 시야가 넓어지고 정리되어 알기 쉬워진다. 과거에 배운 것에 현재 학습하는 내용을 관련 지어 시간이 지난 후 연결할 수도 있고, 이미 가지고 있던 각각의 정보를 지금 연결할 수도 있다.

마인드맵을 그려 보기

어른에게 아이를 가르치는 일은 '완전히 처음부터' 시작하는 것만은 아니다. 그 점이 정말 좋다. 누구든 기존에 습득한 지식이 있어 살을 붙여 나갈 수 있다. 기존의 정보에 새로운 정보를 연결하는 일은 두 가지 기능을 한다. 이를 통해 새로운 정보를 이해하고 기억하게 될 뿐만 아니라 아이의 현재 수준과 학습에 있는 빈틈을 평가할 기회가 생긴다.

길을 찾는 데 쓰는 지도가 사용자의 현재 위치를 알 때만 쓸모 있듯이 아이의 현재 상태를 모른다면 학습 경로를 짤 수 없다. 그 상태를 판단하기 위해 간단한 질문으로 아이의 지식 수준을 자연스럽게 파악해 본다. 아이는 무엇을 알고 이해하고 있는가? 아이가 어떤 경로를 거치려고 하며, 어떤 목표를 가지고 있는가? 아이는 무엇을 가장 필요로 하며, 그 이유는 무엇인가?

'중력'에 관한 아이의 과학 숙제를 도와주려는 상황을 예로 들어 보자. 일단 무언가를 시작하기 전에 아이가 중력에 관해 얼마나 알고 있는지 알아봐야 한다. 그것을 알아보는 동시에 지도 방법을 간략하게 짜 본다. 예컨대 아이가 이해하기 힘들어하는 내용을 '마인드맵'으로 그려 본다.

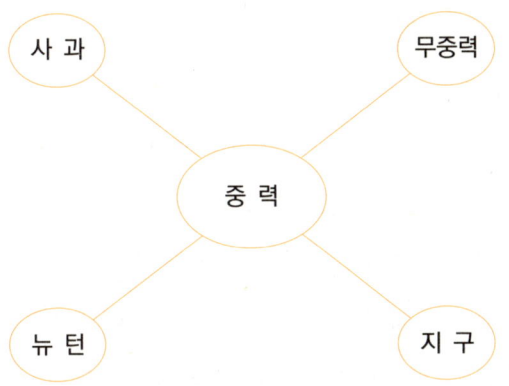

마인드맵 한가운데에 '중력'이라고 쓰고, 주제와 관련해 이해하고 통합해야 할 내용들을 가지로 그려 나간다. 가능하다면 내용을 연결해서 관련성을 나타낸다. 마인드맵을 간략하게 그렸으면, 빈틈을 찾아야 한다. 아이에게 가장 어렵고 힘든 부분에 평점을 매기라고 하고 상대적으로 쉽거나 잘 이해하는 부분도 물어본다. 이렇게만 해도 앞으로 나아갈 경로를 이미 시작했다고 할 수 있다.

누군가에게는 마인드맵이 단순하고 핵심이 없어 보일 수도 있다. 그러나 간단해서 쉽게 할 수 있다는 장점이 있다. 종이에 적었을 때 연결성이나 관련성이 보일 때도 많다. 배울 필요가 있는 부분만 그리지 말고 이미 배운 부분도 그려 넣게 하자. 이렇게 하면 강화하고 보강할 부분을 파악할 수 있을 뿐만 아니라 계획도 체계화할 수 있다.

이러한 작업을 통해 아이가 이해를 못하거나 부족한 부분을 알았으면, 이미 알고 있는 지식부터 시작해 가장 어려운 부분으로 이동하는 과정을 진행한다.

마인드맵은 부모와 아이 모두에게 도움이 된다. 아이는 자신이 감당할 수 있는 방식으로 문제를 풀어 가기 시작하고, 부모는 마음을 다잡고 집중해 최종 목적지까지 아이를 이끌어 갈 수 있다. 이 방법은 지금 씨름하고 있는 지식이나 기술에 어느 정도 한계가 있으며 더 큰 상황에 어떻게 들어맞는지 볼 수 있다는 점에서 좋다. 아이들이 학습을 포기하는 이유는 주로 자신이 무엇을 모르는지 모르는 데다 연습 문제나 설명 하나와 전체를 의미 있게 연결하지도 못하기 때문이다. 그러면 공부를 하는 것이 무의미하다고 생각하게 된다.

이러한 과정을 거치며 기존의 지식을 이용해 새로운 지식으로 안내한다. '내가 무엇을 알고 있지?'라는 질문으로 시작하고 어느 방향으로 가고 있는지 알게 되는 것이다. 이러한 방법을 잘 쓰면 아이는 관심을 가지고, 호기심을 키우며, 모르고 있음을 깨닫게 된 부분뿐 아니라 안다고 생각했던 부분까지도 배우려 한다.

'파인만 기법'으로 큰 그림을 그려 보기

아는 것에서 시작해 모르는 것까지 공부하는 과정 속에서 자신에게 질문하는 능력은 중요하다. 학습 효율을 높이는 메타인지를 키울 수 있기 때문이다. 이와 관련된 학습 방법으로 '파인만 기법'이라는 것이 있다. 파인만 기법은 유명한 물리학자이자 노벨물리학상 수상자인 리처드 파인만Richard Feynman이 만들었다.

파인만은 양자 물리학처럼 난해한 주제도 누구나 이해할 수 있을 만큼 쉽게 설명하기로 유명했다. 물리학자인 데이비드 굿스타인David Goodstein은 자신의 책 《파인만의 이해할 수 없는 강의Feynman's lost lecture》에서, 파인만은 가장 복잡한 개념을 쉽게 설명할 수 있다는 데에 자부심이 강했다고 전한다. 이 기법은 파인만이 프린스턴 대학교 재학 시절에 공부하던 방법에서 나왔는데, 교수로서 물리학을 가르치면서 다듬어졌다.

파인만 기법 활용 예시

1. 개념 선택: '중력'에 대해 알아보자
2. 쉬운 말로 적기: '중력'은 '우리가 땅에 붙어 있는 이유'
3. 허점 찾기: '중력'에 대해 조사한 후 '큰 물체가 무게와 질량으로 작은 물체를 끌어당기는 힘'이라고 설명할 수 있어야 함
4. 유추 사용하기: 개울에 발을 넣으면 수면의 잎들이 발 쪽으로 오는 것이 중력

파인만 기법을 쓰면 아이가 해당 주제를 얼마나 이해하는지 가늠해 볼 수 있다. 적절히 쓰면 주제를 이해하고 있는지 중요한 개념을 얼렁뚱땅 넘어간 건 아닌지 알게 된다. 이를 통해 지식에 있는 빈틈을 발견하고 고쳐 나갈 수 있다.

파인만 기법은 다음과 같은 네 단계로 되어 있다.

개념을 선택한다

파인만 기법은 광범위하게 적용할 수 있다. 여기서는 앞서 언급했던 '중력'을 예로 들겠다. 중력에 관한 기본 지식을 이해하고 싶다거나 설명해야 한다고 가정하자. 또는 중력에 관해 얼마나 이해하는지 파

악하는 상황이라고 생각하자.

개념을 쉬운 말로 설명해 적어 본다

개념을 쉽게 설명할 수 있는가? 단순하고 짧게 설명하는 것이 더 어렵다. 이 단계가 특히 중요한 이유는 중력의 개념에 관해 이해하는 것과 이해하지 못하는 것을 정확하게 알 수 있기 때문이다. 어떤 정보나 주제를 단 한 문장에 담아 다섯 살 아이가 이해할 수 있게 한다면 그 분야에 통달한 셈이다. 만일 그럴 수 없다면 자신의 빈틈을 찾아낸 것이다.

중력을 설명하는 예시로 돌아와서, 중력을 어떻게 정의할까? '거대한 덩어리로 끌려가는 무엇'이라고 할까? '우리가 떨어지는 이유'라고 할까? 아니면 '지구가 형성된 방법'일까? 아니면 "그냥, 알다시피⋯⋯ 그게 중력이잖아."라고 하며 대충 넘어가려고 하는가?

아마도 물체에 중력이 작용할 때와 무중력 상태일 때 각각 어떤 일이 발생하는지는 누구나 쉽게 설명할 수 있을 것이다. 중력이 생기는 이유를 설명할 수 있는 사람도 있을 것이다. 하지만 설명하기 힘든 부분이 있다면 아는 줄 알았지만 줄곧 건너뛰었던 내용일 것이다.

여기서 설명하지 못하는 부분은 어디인가? 이 단계가 어렵다면, 내용을 생각만큼 잘 알지 못한다는 뜻이다. 아마 다른 누군가에게 설명하기도 어려울 것이다. 설명이 장황하고 핵심을 빗나가더라도 마찬가지다. 학습 능력을 향상시키려면 자신의 지식을 다른 사람이 이해할 수 있는 방식으로 표현할 수 있어야 한다. 그렇기 때문에, 아이에게 공부나 정보를 가르치다가 오히려 부모가 효과적으로 학습하게 되는 경우도 많다.

허점을 찾아본다

앞서 중력을 간략하게 설명하지 못했다면, 이는 지식에 빈틈이 있기 때문이다. 이 단계에서는 중력을 조사하고 공부해서 간단히 설명할 수 있어야 한다. '큰 물체가 무게와 질량으로 작은 물체를 끌어당기는 힘'처럼 설명할 수도 있을 것이다. 설명하지 못하는 부분을 보강해야 한다.

정보를 분석하고 단순화하는 능력을 보면 무언가를 어느 정도로 알고 이해하는지 알 수 있다. 한 문장으로 요약할 수 없거나 짧게 간추릴 수 없다면 허점이 있으니 더 공부해야 한다는 뜻이다. 파인만 기법에서는 이 점을 매우 엄격히 한다.

아이와 함께 해 보자. 간단해 보이는 개념이긴 하지만 설명할 수 있는가? 아니면 설명하려다가 오히려 제대로 이해하지 못하고 있음을 깨달았는가?

예를 몇 가지 들어 보겠다. 번개는 왜 치는가? 구름은 무엇으로 구성되어 있는가? 비는 왜 내리는가? 밀물과 썰물이 발생하는 이유는?

이러한 질문에 피상적인 대답을 하거나 얼버무린다면, 그 주제에 대해 제대로 알고 있지 못하다는 사실을 알게 된다.

유추를 사용해 본다

마지막으로 개념을 '유추'(개념이나 사물 사이에 있는 모든 점이 같진 않아도 유사한 관계 — 옮긴이)로 빗대어 설명한다. 이 단계의 목적은 세 번째 단계를 확장하는 것이다. 개념들을 비교하며 설명하려면 각 개념의 주요 특성을 잘 이해해야 한다. 그러면 이해한 내용을 다른 맥락에서도 적용할 수 있다. 유추로 개념을 설명하는 능력으로 무엇을 얼마나 이해하는지 평가할 수 있고 지식에 허점이 있는지도 알 수 있다.

중력을 무엇에 유추할 것인가? 개울에 발을 집어넣으면 발의 질량에 작용하는 보이지 않는 인력에 수면에 떠 있는 나뭇잎들이 발 쪽으로 끌려오는 상황을 중력에 빗대어 설명할 수 있다. 그 인력이 바로 중력이다.

파인만 기법을 쓰면 단시간에 아는 것과 안다고 생각하는 것을 식별해 지식의 토대를 강화할 수 있다. 자신에게 계속 설명하고 단순화해 나가다가 그럴 수 없는 부분을 찾으면 모르는 점뿐만 아니라 아는 줄 알았지만 실은 몰랐던 점도 발견해내는 것이다.

개념도를 그려 관계를 파악해 보기

앞선 장에서 개념도에 대해서 언급한 바 있다. 아이는 개념도를 만들면서 어디에 더 집중해야 할지 방향을 잡을 수 있다. 개념도를 만드는 것이 쉬운 일은 아니다. 하지만 만드는 일 자체가 좋은 학습 경험이다. 사실 내용 자체보다는 개별 정보를 전체에 통합하는 과정을 어려워한다.

예를 들어 '광합성'을 이해하려면 화학적 과정뿐만 아니라 그 과정이 일어나는 세포 내의 생리학적 구조도 잘 알아야 한다. 이 두 가지 측면을 결합하는 방법도 알아야 한다. 개념도나 개요에 표를 넣으면 어떤 과정이 일어나는 순서와 세포의 어느 부분에서 발생하는지 명확하게 보여 줄 수 있다. 이렇게 하면 노력도 덜 들 뿐만 아니라 학습할

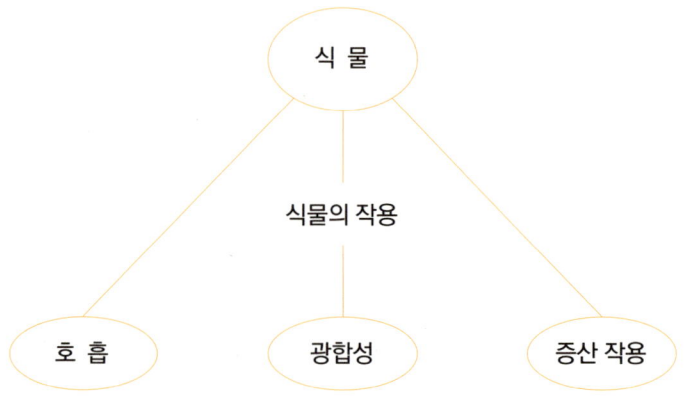

때 유용한 자료가 된다.

사실 '통합 학습'이나 '맥락을 활용한 학습'이 효과적인 이유는 개별 정보를 빠르고 쉽게 연결해 의미를 만들기 때문이다. 이는 그냥 '아는' 게 아니라 철저하게 '이해'하는 것이다. 이런 방법으로 공부한 아이는 개념도를 내면화하며 메타인지 능력을 키우게 되고, 이를 통해 부모나 교사의 도움 없이도 주제를 자유자재로 다룰 수 있게 된다.

유추를 최대한 활용하기

다양하게 '유추'를 하면 겉으로만 이해하는 데 그치지 않고 요지를 확실히 이해하게 된다. 그리고 다른 방식으로 주요 개념을 이해하기 위해 노력을 들이게 된다. 이렇게 하다 보면 학습 내용을 기억하는 능력이 향상된다. 여기서는 과학에 근거를 둔 방법으로 아이가 효과적인 학습을 하는 데에 도움을 주는 방법을 몇 가지 소개하겠다.

같은 주제로 많이 유추하자

일반적으로 주제와 관련이 있는 유추를 많이 하면 할수록 학습이 잘된다.

'진보'를 예로 들어 보자. 먼저 반의어로 유추할 수 있다. '뜨겁다'의

반의어는 '차갑다'이다. 그럼 '진보'의 반의어는 무엇일까? '보수'라고 할 수 있다. 예시로 유추할 수도 있다. 스마트폰 종류에 아이폰, 갤럭시가 있듯이 정치 성향에는 진보, 보수가 있다.

마지막으로 사물의 특성을 통해 유추할 수 있다. '성량', '자신감'이 연설가의 특성이라면 진보의 특성은 무엇인가? '새로운 시도', '변화 추구' 등을 들 수 있다. 이런 식으로 어떤 개념이나 주제에 관해 여러 가지로 유추할 수 있다.

예시를 들어 학습 상태를 끊임없이 확인하자

교육학 교수 다니엘 슈워츠Daniel Schwartz와 존 브랜스포드John Bransford의 연구에서 착안한 방법이다. 예시를 이용하면 이제 막 학습을 시작한 아이나 초보자가 예시의 내용을 이해하면서 스스로 학습할 수 있으므로 중요하다. 전문가라면 관련 주제를 잘 알고 있으므로 예시를 참고하지 않아도 된다. 하지만 복잡한 개념을 이해하고 효과적으로 기억하는 데 예시가 도움이 될 때가 많다.

도덕 윤리에 대해 공부한다고 하자. 여기에 적용할 수 있는 여러 상황을 적어 본다. 친구와 이야기하고 싶지 않을 때는 바쁘다고 거짓말해야 할까? 거짓말해도 되는 이유와 안 되는 이유는 무엇인가? 피자를 세 명에게 가장 공평하게 나눠 주는 방법은 무엇인가? 이런 예시를 들면 공부가 재미있어진다. 지루하고 딱딱한 내용이 주변 세상과 연결되어 현실감이 생기기 때문이다.

유추하는 목적을 기억하자

특정 개념을 이해하려고 유추를 하긴 하지만 정작 왜 그런지 모를 때가 많다. 예를 들어 교사가 "지구의 허파는 어디일까?" 하고 묻는다면 학생들은 "아마존이요."라고 대답할 것이다. 대부분 아마존이 왜 지구의 허파라고 불리는지 몰라도 그렇게 표현하는 것을 어디선가 들었거나 보았기 때문이다.

이런 일이 없게 하려면 비교하는 목적이나 기능이 확실하게 드러날 수 있게 유추해야 한다. 이 예시에서 '지구의 허파'와 '아마존'이 서로 관계가 성립하려면 허파가 어떤 기능을 하는지 알아야 한다. 허파는 우리 몸의 호흡기관으로, 산소를 공급하고 이산화탄소를 배출하는 역할을 한다. 여기서 아마존의 역할도 알아야 한다. 아마존의 열대우림은 인간이 호흡하는 데 반드시 필요한 지구 산소의 1/3을 생산해내는 중요한 역할을 한다. 그렇기에 '지구의 허파'라는 표현을 쓰는 것이다. 유추만 기억해서는 충분하지 않다. 그 유추가 왜 적합한지도 알아야 한다.

더 어려운 개념에 유추를 활용하도록 하자

이해하기 쉬운 개념에 굳이 유추를 활용할 필요는 없다. 오히려 머릿속이 혼란스러워지고 복잡해질 수 있다. 반면 어려운 개념 하나를 이해하기 위해 여러 관계를 유추해야 할 수 있으니 이때 활용하는 것이 좋다.

자신이 쓰는 유추를 목록으로 만들고 시각적 단서도 가능하면 그려 넣는다. 멀티미디어 학습 이론에 따르면, 시각적 단서와 텍스트 기반 단서를 같이 쓰면 기억하고 이해하는 데 도움이 된다. 그리고 유추를 모은 표의 왼쪽 칸에 함께 비교하여 유추할 만한 내용이 있다면 적어 놓는다. 그러면 유추한 개념들 사이의 관계가 더 명확해져 여러 번 다시 읽는 수고를 덜 수 있다.

유추를 할 때의 장점

우리는 어떤 개념을 이해하기 어려울 때 유추를 한다. 유추할 때 더 빨리 맥락을 이해할 수 있는 것은 생각이 하나의 개념에 집중된 후 서서히 이해해야 할 사항들로 분화해 나가기 때문이다. 유추를 통해 새로운 개념과 정보를 연결하는 방법은 학습한 내용을 지식 창고에 저장하는 데에 효과적이다. 인디애나 대학교 교수인 더글라스 호프스태더Douglas Hofstadter와 같은 신경 과학자들은 인간이 하는 모든 사고의 근간이 유추라고 주장한다.

호프스태더에 따르면 인간은 유추를 통해 범주를 이해하며 범주란 정보와 개념을 구분하는 데 쓴다고 한다. 우리가 유추의 한 유형인 유사성을 인식할 수 있기 때문에 관계들 사이에 어떤 유사성이 있는지 보고 사물을 여러 방식으로 범주화할 수 있다는 것이다.

유추를 이용한 동물 범주화

→ 개, 고양이, 오리너구리, 주머니쥐, 돌고래
→ 젖을 먹임, 털이 있음, 항온 동물이라는 조건에 만족함
→ 생김새와 서식지가 달라도 위 동물들이 '포유류'임을 유추할 수 있음

✓ 유추로 복잡하고 고차적인 개념을 이해할 수 있어 학습 맥락을 익히는 데 도움.

동물을 범주화하는 방식을 살펴보면 이해하기 쉽다. 보통 인간에게 개와 고양이는 상당히 비슷해 보인다. 둘 다 털이 있고, 다리는 네 개이고, 꼬리가 하나 달렸다. 하지만 얼굴, 식성, 행동, 진화로 물려받은 특질이 달라 구별된다. 개와 고양이가 닮은 데다 비슷해 보이지만 각각의 종에 부합하는 특징이 훨씬 강하므로, 개와 고양이라는 범주로 따로 분류한다. 그러므로 우리는 개의 특질로 고양이를 표현하지 않고 그 반대도 마찬가지다.

유추로 더 복잡하고 고차적인 개념도 형성한다. 추상적인 분류군인 포유류를 살펴보자. 포유류라는 관계로 보면 개와 고양이는 비슷할 뿐더러 심지어 완전히 달라 보이는 오리너구리, 돌고래, 주머니쥐까지도 비슷하다고 간주한다. 아무도 돌고래를 보고 고양이와 비슷하

다고 생각하지 않겠지만, 과학에서는 그렇게 설명한다. 젖을 먹이고, 털이 있고, 항온 동물이라는 조건이 만족하면 포유류로 분류한다.

이러한 조건을 종합해 포유류라는 고차적 개념을 만들고, 이 개념으로 어느 생명체가 조건을 만족하는지 알 수 있다. 포유류라고 단순화된 한 무리의 조건에 따라 우리는 돌고래와 오리너구리가 유사하다고 여긴다.

나이가 들고 다양한 삶과 문화권에서 여러 사상의 영향을 받으면서, 인간의 이해력은 진화하고 세상을 표현하는 데에 쓰는 유추도 그에 따라 발전한다. 그러나 무엇을 배우더라도 뇌에서 새로운 정보를 범주화하고, 사물과 개념 간의 차이점을 파악하거나 유사성을 인지하며 세상을 이해한다는 점은 확실하다. 새로운 정보를 배울 때 의식적으로 여러 요소 사이에 유사성을 찾으면 새로 배운 지식이 기존의 지식에 빨리 통합된다.

이렇게 유추를 통해 스스로 학습하고 전체적인 맥락을 이해하는 데에 도움을 받을 수 있다.

부모를 위한 우리 아이 학습 포인트 3

☑ 효과적으로 학습하려면 '전체 지형을 보는' 법을 알아야 한다. 이때 목표와 한계를 정하고, 학습 내용을 얼마나 이해하고 있는지 측정한다.

☑ '마인드맵'은 복잡한 자료를 단순화한 시각적인 모형으로 여러 개념을 명료하게 연결한다. 부모와 아이가 함께 마인드맵을 그리며 지식에 빈틈이 있는지 알아보고, 모르는 내용을 익히고, 학습 효과를 평가할 수 있다.

☑ 이미 학습된 지식을 확인하면, 다음으로 어떻게 활용할지를 계획한다. 간단하게는 가르치려는 주제를 이해하는 데에 도움이 되는 특정 개념만 가르치는 데에 그칠 수도 있다. 그러나 아이의 지적 호기심과 학습 욕구를 더욱 자극하려면, '개념도'를 사용하며 탐구를 중심으로 가르치는 방법까지 함께 적용해 이미 학습된 지식에 있는 문제를 지적해 보는 것이 좋다.

☑ '파인만 기법'을 쓰면 지식에 있는 빈틈을 깨닫게 된다. 먼저 문제가 되는 개념을 파악한 후에 그것을 쉬운 말로 설명하여 적는다. 그리고 나서 설명되지 않는 부분이나 자료가 충분하지 않은 부분을 인지한다.

☑ '유추'는 이미 알고 있는 지식을 새로운 지식과 연결 지어 학습을 돕는다. 유추는 반의어, 예시, 특성 등을 통해 할 수 있고, 새로운 개념을 이미 알고 있는 개념으로 표현한다. 유추는 많이 할수록 좋으며 고차적이고 추상적인 사고 능력을 키워 준다.

배우기만 하고 생각하지 않으면 얻음이 없고, 생각만 하고 배우지 않으면 위태롭다. ▪ **공자**(고대 중국의 사상가)

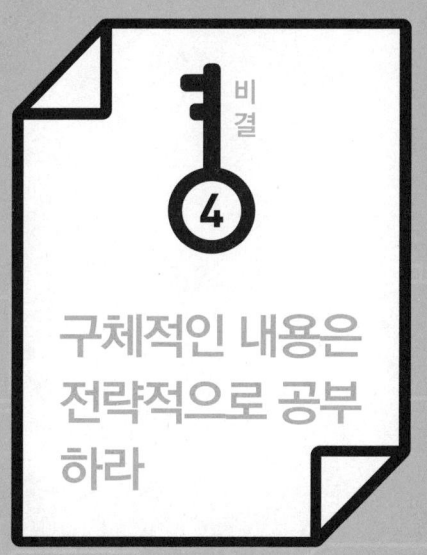

　지금까지 우리는 학습 환경에서 시작하여 전체적인 맥락을 보게 해주는 학습법까지 살펴보았다. 그러나 현실에서는 예측할 수 없는 여러 가지 일이 발생하며, 이를 파악하기란 쉽지 않다. 이번 장에서는 아이가 학습할 때 어떤 일이 일어나는지 살펴보며, 이러한 상황에서 활용할 수 있는 구체적이며 실용적인 학습법을 알려 줄 것이다.

　이 책에서는 사실상 가르치는 입장과 배우는 입장 두 가지 관점으로 보고 있다. 각각의 관점이 어떻게 다른지 이해하는 만큼, 아이가 스스로 학습을 하든, 아이가 학습할 수 있도록 돕든 간에 효율성이 매우 높아질 것이다.

시간 간격을 두고 반복하기

'시간 간격을 두고 반복하기'는 다른 용어로 '분산 연습'이라고도 불린다. 이는 기억 향상에 중요한 기법인데 망각을 직접적으로 해결하고 뇌 용량 한도를 지키게 하기 때문이다. 기억의 세 가지 과정에는 부호화, 저장, 인출이 있는데 '시간 간격을 두고 반복하기'는 마지막 과정인 인출, 즉 정보를 꺼내는 것을 돕는다.

정보를 잘 기억하고 저장하려면 가능한 한 오랫동안 시간 간격을 두고 예행연습을 하듯이 정보를 접해야 한다. 말하자면 매일 1시간씩 공부하는 것이 일주일에 20시간 공부하는 것보다 기억을 잘하게 해 준다는 뜻이다. 어떤 공부를 하든 그렇다. 일주일에 열 번 보는 경우가 하루에 스무 번 보는 경우보다 효과적으로 기억하게 해 준다는 것은 이미 연구로도 밝혀져 있다.

뇌를 근육이라고 생각하면 시간 간격을 두고 반복하는 방법은 더욱 설득력을 얻는다. 근육이 줄곧 일만 하고 회복하지를 못한다면 계속 움직일 수 없다. 뇌도 개념 사이에 관련성을 찾고, 몸이 기억하도록 근육 기억을 만들고, 무엇인가에 익숙해지려면 시간이 필요하다. 수면 중에 신경 연결망이 생성되므로 정신 건강을 지키는 것만이 잠을 자야 하는 유일한 이유는 아니다. 자는 동안 뇌에서 시냅스 생성이 이루어지고 수상돌기가 자극되기 때문이기도 하다.

공부할 때도 마찬가지다. 운동선수가 지나칠 정도로 열심히 운동하면 결과는 둘 중 하나다. 너무 지쳐 끝까지 못하거나, 부상을 입는다. 학습 도중 휴식하며 회복하는 시간은 꼭 필요하다는 사실을 기억해야 한다.

시간 간격을 두고 반복하는 학습 일정을 반영한 예시를 살펴보자. 아이와 함께 학습 일정을 짜면 더 좋다. 아이가 자신의 목표를 이해하는 만큼 무엇을 하는지 알고 적극적으로 계획하게 되기 때문이다.

- **월요일 오전** — 공부할 과목에서 기본적인 사실을 공부한다. 5페이지 정도 분량을 필기한다.
- **월요일 오후** — 필기를 복습한다. 이때 수동적으로 해서는 안 된다. 정보를 스스로 기억해야 한다는 점에 유념해야 한다. 회상하기는 단순히

다시 읽고 확인하기보다 훨씬 효과적으로 기억하는 방법이다. 20분 정도 소요.

- **화요일 오전** — 노트 필기를 보지 않고 최대한 회상해 본다. 할 수 있는 한 최대로 기억해 낸 뒤, 필기를 보고 놓친 부분을 찾아 자세히 확인한다. 15분 정도 소요.
- **화요일 오후** — 필기를 복습한다. 10분 정도 소요.
- **수요일 오후** — 정보를 하나씩 다시 회상해 보는데, 빠뜨린 부분이 있는지 확인할 때만 필기를 본다. 10분 정도 걸릴 것이다. 단계를 건너뛰지 않아야 한다.
- **목요일 오후** — 필기를 복습한다. 10분 정도 소요.
- **금요일 오전** — 적극적으로 회상해 본다. 10분 정도 소요.

위의 일정표에서 일주일 동안 공부에 75분 정도를 할애했지만, 6번이나 전체 내용을 훑었음을 알 수 있다. 게다가 수동적으로 필기를 복습하는 대신, 적극적으로 회상했으므로 공부 시간을 오로지 암기하는 데 쓸 수 있었다는 점에 주목해야 한다.

이런 식으로 다음 주 월요일에 있을 시험을 준비했다. 사실 금요일 오후면 이미 준비는 끝났을 것이다. 시간을 두고 반복하면 뇌가 개념을 처리하고, 관련성을 찾고, 이 이상을 뛰어넘기까지 할 수 있다.

같은 개념에 반복해서 노출될 때 어떤 일이 일어날까? 처음 몇 번

볼 때는 새로운 것이 보이지 않을 것이다. 개념에 점차 익숙해져 그냥 마지못해 보는 단계를 지나면, 깊이 있게 검토하고 주변 맥락까지 고려하게 된다. 다른 개념이나 정보와 관련성을 찾으며 깊이 파고든다.

이러한 과정은 정보를 단기 기억에서 장기 기억으로 옮겨 저장하기 위해 고안했다. 벼락치기나 막판에 공부하는 것은 학습 자체에 그다지 효과적이지 않다. 반복과 심도 있는 분석 없이 장기 기억에 저장하기는 힘들어 단순 암기로 그치므로 빨리 잊게 되기 때문이다.

무언가를 배우게 되면 소요 시간을 측정하기보다 처음에 학습한 뒤 같은 정보를 반복하는 횟수를 세는 편을 권한다. 공부 시간보다는 복습하는 횟수를 늘리는 것을 목표로 삼아야 한다. 시간 간격을 두고 반복하기나 분산 연습에 관한 연구에 따르면 학습 과정에 쉬는 시간은 반드시 있어야 하기 때문이다.

물론 이렇게 최고 수준까지 최대한 깊이 학습하려면 시간이 더 많이 들고 계획도 잘 짜야 한다. 하지만 시간에 쫓기는 상황일 때 쓰는 전략적인 방법도 있다.

→ 단기간에 20시간 공부하기보다 매일 1시간 공부하는 것이 효과적
→ 반복 학습으로 단기 기억에서 장기 기억으로 학습 내용 저장
✓ 기억 횟수를 늘려 학습 내용에 대한 기억 능력을 향상함.

시험을 앞두고 벼락치기를 해야만 하는 상황이라면 굳이 정보를 장기 기억에 저장하지 않아도 된다. 작동 기억을 조금 지나서 장기 기억에 부분적으로 부호화되게 공부하면 된다. 정보를 다음 날 다시 기억할 필요가 없기에 몇 시간만 버틸 수 있으면 된다.

벼락치기로 공부할 때는 '시간 간격을 두고 반복하기'를 정석대로 하지는 못해도 약식으로 실시할 수 있다. 어떤 주제를 가지고 하룻밤에 세 시간 공부하는 대신에 하루 동안 한 시간씩 세 번 공부한다.

기억하기 위해서는 뇌에 부호화해 새겨 놓을 시간이 필요하다는 사실을 마음에 새겨 두어야 한다. 시간 간격을 두고 반복해 보자. 제한된 공부 시간을 최대로 활용하려면 기상한 직후, 정오, 오후 4시, 저녁 9시와 같이 시간을 정해 여러 번 복습한다.

반복하는 동안 순서를 뒤섞어 필기한 내용을 공부한다. 그렇게 해야 여러 맥락에서 보면서 효과적으로 부호화할 수 있다. 또한 회상하기와 읽기를 동시에 한다. 관련 없는 자료도 끼워 넣어 공부하는 '교차 연습'을 통해 변화와 예측 불가능한 상황에 대비할 수 있다는 점도 잊지 말아야 한다.

시험 직전까지 새로운 정보를 외우고 예행 연습하듯 실시한다. 단기 기억은 최상의 컨디션에서 7개까지만 기억 가능하므로 장기 기억용이 아닌 정보에 노력을 허비하고 있을 수도 있다. 어쩌면 곡예나 다름없을 수도 있다. 결국 공을 모두 떨어뜨릴지라도 그냥 최선을 다해

곡예를 펼치고 있는 셈이다. 마찬가지로 동원할 수 있는 기억은 모두 다 활용하도록 한다.

   시간 간격을 두고 반복하기는 공부 시간을 늘리기 위한 방법이 아니라 기억하고 그것을 꺼내는 횟수를 늘려 기억을 향상시키기 위한 방법이다. 시간이 촉박해도 시간 간격을 두고 반복하는 방법을 활용한다면 정보를 머릿속에 더 쉽게 집어넣을 수 있다. 이때 중점을 둘 부분은 시간보다 횟수다. 물론 충분한 시간을 두고 학습과 암기를 분산시켜 같은 자료를 복습하는 횟수를 늘리면 결과는 훨씬 좋을 것이다.

영역을 나누어 노트 필기하기

　이 책에서 다루는 학습 방법은 실제 교육 현장에서 많이 쓰이는 방법이다. 노트 필기도 마찬가지다. 흔히 학교를 다니면서 노트 필기하는 법을 익히긴 해도 시간을 들여 연구하지는 않는다. 먼저 필기를 꼭 반드시 해야만 하는 건 아니라는 점을 알아 두었으면 한다. 하지만 필기가 그래도 필요하다고 생각한다면 새로운 정보의 이해와 기억에 도움이 될 때만 노트 필기를 해야 한다고 강조하고 싶다. 오히려 학습을 방해하는 유행하는 필기법이나 듣기에만 번지르르한 방법에 시간을 낭비하지는 말아야 한다.

　여기서는 문제의 핵심을 바로 꿰뚫으며 목적에 맞고 중심이 잡힌 노트 필기법을 소개하려 한다. 바로 '코넬식 노트 필기법'이다.

먼저 노트 필기할 공책을 펼치고 한 면 가운데에 세로 선을 그어 영역을 두 개 만든다. 오른쪽 영역의 폭이 왼쪽 영역의 두 배가 되도록 선을 긋는다. 오른쪽 영역 상단에 '필기'라고 쓰고, 왼쪽 영역 상단에는 '단서'라고 쓴다. 같은 면 하단에 높이 5센티미터가량 되는 영역에는 '요약'이라고 쓴다.

이렇게 세 영역으로 나눈 뒤, 먼저 오른쪽 필기 영역에만 필기한다. 이 영역에는 굵직한 개념과 그 근거가 되는 세부 사항을 최대한 간략히 적는다. 학습 내용 평가에 필요한 모든 사항을 쓴다. 나중에 세부 사항과 설명을 보충해 넣을 수 있게 사이사이에 여백을 충분하게 남겨 둔다. 도표를 그리고 필요하면 목록도 만들며 핵심 내용을 적어 넣는다.

처음 필기하는 동안에는 어떻게 체계적으로 정리할지 어느 부분을 강조할지 고민할 필요 없다. 듣고 보고 읽은 것들로 최대한 완벽하게 전체 내용을 쓴다. 오른쪽 영역에 가득히 정보를 기록한다. 무엇을 쓸지 쓰지 않을지 구분하지 말고 일단 쓴다. 나중에 다시 필기를 검토하면서 필요한 부분과 중요 사항을 파악할 것이다.

필기를 마치고 나면, 단서 영역 차례다. 필기 영역에 쓴 내용을 영역이나 개념별로 정리하고 걸러야 할 내용은 거르며, 단서 영역에 중요한 내용만 적는다.

같은 내용이라도 필기 영역에는 정리하지 않고 내용을 마구 쓰지만, 단서 영역에는 주제를 정리해서 쓴다.

다섯 문장으로 쓴 필기를 중심 생각과 근거가 되는 사실 한두 문장으로 줄인다. 왼쪽 영역은 정리된 문장으로 깔끔하게 요약하고 오른쪽 영역에는 학습 내용을 무조건 필기한 모습이라고 이해하면 될 것이다. 이렇게 해 두면 나중에 공책을 훑어보며 필기한 내용을 한눈에 파악할 수 있을 것이다.

필기와 단서 영역 채우기를 마쳤으면 마지막으로 하단의 요약 영역으로 간다. 여기에는 지금까지 노트 필기한 내용을 가장 기본적인 개념과 문장 몇 개로 요약한다. 필기를 복습할 때 분석할 필요 없이 바로 이해할 수 있게끔 많은 내용을 최대한 짧게 압축한다.

단 서	필 기
개념 정리, 중요한 내용만 작성 → 정리된 내용	굵직한 개념, 세부 사항 작성, 도표 삽입 → 자세한 내용
요약: 복습할 때 바로 이해할 수 있게끔 최대한 내용 압축	

✅ 노트만 보고도 학습 내용을 바로 파악할 수 있음.

요약과 단서 영역은 빨리 살피며 넘어가는 것을 목표로 한다. 갈겨 쓴 필기로 가득한 공책 대신 이제는 요약 영역만으로 금세 새로운 정보를 얻을 수 있다. 이렇게 하면 매번 한 페이지씩 분석하며 읽지 않고 문장 몇 개만 봐도 효과적으로 암기할 수 있다. 다시 말하지만, 반복해서 정보를 종합화하면 상당히 효과적이다.

이러한 필기 과정을 마치면 아이에게는 자신만의 학습 안내서가 생긴다. 그뿐만 아니라 학습 안내서 만들기에 쓰인 원래 노트 필기와 내용 종합과 요약을 모두 같은 페이지에 기록하는 성과도 얻었다. 무엇보다 중요한 점은 아이가 자신만의 표현으로 의미 있는 결과물을 만들었다는 사실이다.

한마디로 노트 필기는 크게 노력을 들이지 않고 스스로 할 수 있는 활동이다. 이 점이 바로 훌륭한 필기의 비결이다. 노트 필기는 이해하려고 힘들게 노력할 필요 없이도 참조하고, 바로 이해하고, 도움이 될 수 있어야 한다. 다른 사람이 필기를 어떻게 구성하고 체계적으로 정리했는지 이해하려 애써야 한다면 도움이 되지 않는다.

《어떻게 공부할 것인가》의 공동 저자 피터 브라운Peter Brown은 노트 필기가 중요한 이유는 단순히 학습 과정에서 아무 노력도 들이지 않으면 지속 효과가 떨어지기 때문이라고 한다.

브라운은 어떤 연구를 인용했는데, 그 연구에서 학생들은 글자 그대로 베껴 써도 되는 자료와 자신의 말로 다시 써야 하는 자료를 각각 받았다. 나중에 실시한 시험에서 다른 말로 다시 쓴 학생들이 훨씬 높은 점수를 받았다.

보통 학생들은 미리 정리해 잘 준비된 강의 필기를 받는 편을 선호

한다. 하지만 학생들을 배려한다며 이러한 강의 필기를 제공하는 것은 오히려 학습에는 좋지 않다. 학생이 노력을 적게 들이고 열심히 하지 않을수록 학습 효과는 떨어지기 때문이다.

노트 필기를 직접 하게 되면 뇌가 정보를 처리하고, 이해하고 기억하는 데 도움을 받는다. 따라서 노트 필기는 상당히 유용한 학습 방법이라고 할 수 있다.

교과서를 체계적으로 읽기

교과서는 교과 과정의 핵심이다. 그러나 교과서의 분량은 만만치 않으며, 내용이 쉽지도 않다. 그렇기에 학교에서 수업을 받는 아이가 교과서를 꼼꼼하게 읽는다는 건 있을 수 없다.

미국의 교육자인 프랜시스 로빈슨Francis P. Robinson은 이런 교과서를 독해하고 학습하는 법을 개발했다. 로빈슨이 개발한 이 방법 덕분에 독자는 적극적으로 책에 몰두하고 정보를 기억할 수 있게 되었다.

로빈슨의 독해법

훑어보기 → 질문하기 → 자세히 읽기 → 암송하기 → 다시 보기

✅ 교과서 내용에 집중하고 복잡한 주제를 공부하는 데 효과적.

로빈슨은 학습자가 직접 참여하게 하는 방법을 사용하는데, 이는 독해뿐만 아니라 학습에도 유용하다. 그러므로 이에 맞춰 전반적인 학습 계획을 설계하면 아이 스스로 학습할 수 있도록 유도할 수 있다.

로빈슨의 독해법은 '훑어보기survey', '질문하기question', '자세히 읽기 read', '암송하기recite', '다시 보기review', 이 다섯 가지 구성 요소를 따서 'SQ3R 기법'이라고 부른다.

훑어보기

내용 전체를 파악하는 것이 첫 번째 단계다. 교과서와 같은 비문학 작품은 소설과 같은 문학 작품과 다르다. 좋은 비문학 작품은 명료하고 기억하기 쉽게 정보를 전달하고, 앞 장에서 제시한 내용을 바탕으로 다음 장을 전개하는 방식으로 구성된다. 전체를 먼저 훑어보지 않고 본문에 뛰어든다면, 어디로 가고 있는지, 무엇을 얻고자 하는지 모르고 눈을 감은 채 무작정 걷는 셈이다. 첫 장을 본격적으로 공부하기 전에, 교과서에서 어떤 이야기가 오고 가는지를 대략 살펴봐야 한다.

훑어보기는 장거리 자동차 여행을 떠나기 전에 지도를 보며 여행 루트를 전체적으로 살펴보는 것과 같다. 당장 전부를 이해하지 않아도 된다. 일단 부분이 어떻게 전체를 이루고 조화되는지 파악하면 세부 사항 때문에 혼란스럽지는 않을 것이다.

'훑어보기'를 한다는 것은 책 제목, 머리말(서론), 각 장 제목, 소제목

등 본문의 구조를 살펴본다는 의미다. 책에 이미지나 도표가 삽입되어 있다면 함께 살펴봐야 한다. 또한 책에 쓰인 서체, 글자의 굵기와 기울기, 장별 목표 등도 주의해서 봐야 한다. 훑어보기 단계에서는 읽기 전에 내용을 예상하고 구성을 파악한다. 각 부분을 전체적으로 훑어보면서 중요한 점을 포착하면 금세 책의 내용을 파악할 수 있다. 마치 톱니바퀴 하나만 연구할 때와 어떻게 시계를 구성하여 작동하는지 전체적으로 살펴볼 때가 다른 것과 같다.

또한 가능하다면 목차 등 교과서의 구성을 봐도 찾을 수 없는 관련 개념을 스스로 찾아보는 것이 좋다. 이 부분이 쉽지는 않지만, 일단 개념을 모두 찾아 관련성을 이해할 수 있으면 학습에 매우 효과적이다.

그다음으로 무엇을 알고자 하는가를 명확히 해야 한다. 그렇게 하기 위해서 공부할 부분이 무엇인지 대략적으로 정리하면 좋다. 공부할 주제와 관련된 도서나 인터넷 자료 등을 최대한 활용해서 살펴본다. 그리고 여러 자료에서 눈에 띄는 문장이나 개념이 있다면 함께 정리해 둔다.

질문하기

이 단계에서는 학습 내용에 더욱 초점을 맞춰 음미한다. 즉 책의 구성을 좀 더 자세히 살펴보며 질문을 만들고 목표를 설정한다.

질문하기는 사실상 독해를 준비하는 단계로 각 장의 제목, 소제목을 살펴보고 질문으로 재구성한다. 이렇게 하며 저자가 붙인 다소 무미건조한 제목에서 공부하고자 하는 문제를 얻는다. 각 장마다 질문이나 토론 주제가 있다면 공부 방향을 잡는 데 활용할 수도 있다.

이렇게 공부 계획에 필요한 내용을 정리하고 나서, 공부하려는 주제로 질문과 학습 목표를 구성한다. 수집한 자료와 관찰한 양식을 살펴보고 특별히 궁금한 질문이 생기면 적는다. 자체 출제 퀴즈 등을 통해 궁금한 문제를 해결하는 법을 찾을 수도 있다. 여기서는 어떤 식으로 질문을 기록할지 정할 뿐, 답은 하지 않아도 된다.

자세히 읽기

이 단계에서 비로소 읽어야 할 책을 본격적으로 다룬다. 이제부터는 차분하게 자세히 읽는 데 전념한다. 읽어 가면서 품고 있는 질문에 대한 답을 찾는다. 여태까지 여러 가지 사항을 충분히 시간을 들여 살펴봤으므로 이제 머릿속에 담아 둔 질문에 대한 답을 얻을 때가 됐다.

대부분 아이들은 곧바로 읽기를 시작하다 실패하곤 한다. 준비가 안 되어 있고 기대 수준이 너무 높기 때문이다.

하지만 앞서 세심하게 준비를 했기 때문에 자세히 읽는 것이 어렵지 않다. 이때는 인내심을 갖고 매우 천천히 읽어야 한다. 읽고 있는 단락이 너무 어려우면 더 천천히 읽는다. 그러다가 명확하게 이해되는 부분에서 멈추고, 처음으로 돌아가 다시 읽는다. 정보가 가득 담긴

책을 읽고 있기 때문에 시간을 들여 집중해 한 번에 한 부분씩 읽어야 한다.

부모는 아이의 학습을 위해 읽기뿐만 아니라 시각 보조 교재, 온라인 수업, 인터넷 자료도 이용하여 함께 공부하기로 계획했을 것이다. 자세히 읽기 단계에서는 개념을 완전히 이해한다는 목적으로 이러한 자료를 주도면밀하게 활용하는 것이 좋다. 내용이 이해되지 않으면, 되감기 버튼과 스크롤을 쓰듯이 학습 과정을 오가며 유연하게 조절해야 한다. 학습 시간을 확보해 최대한 완벽하게 이해해야 한다.

암송하기

매우 중요한 단계다. 학습을 위한 읽기와 즐거움을 위한 읽기가 여기에서 구분된다. 암송하기 단계에서는 새로운 방향으로 생각하고 주의를 집중해 완벽하게 학습하는 것이 목표다. 다시 말해 이 단계에서는 원문을 충실하게 암송한다.

크게 소리 내어 본문 내용을 질문한다. 이때 여백에 필기를 하고, 중요한 내용에 밑줄을 치거나 강조 표시를 한다. 암송은 말로 하거나 쓰면서 한다. 그러나 책에 나오는 문장을 자신의 말로 다시 바꿔 말해본다. 이런 식으로 새로운 지식을 이미 알고 있거나 내가 좋아하는 말로 표현해 본다. 본인에게 편한 언어를 쓰므로 정보를 이해하기 쉽고 스스로에게도 의미가 생긴다. 책 한 권을 읽는 동안 계속 이런 식으로 반복한다. 학습한 내용을 정리하는 데에는 암송하기 단계가 유용한데, 여러 매체에 적용할 수 있고 다양한 방식으로 질문하고 다시 말할 수 있기 때문이다.

여기서는 시간을 들여 새로운 정보를 다시 말하고 암송하며 자신에게 학습 내용을 의미 있게 재구성한다는 점이 중요하다.

다시 보기

마지막 단계다. 학습 내용을 다시 살펴보고, 중요한 사항을 숙지하고, 암기 요령을 터득한다.

로빈슨은 이 단계를 주중 특정 요일로 세분화했지만, 이 책에서는 일반적으로 쓰는 방법만 다룬다. 읽으면서 강조 표시를 해 둔 부분에 관한 질문을 써 보거나, 그 질문에 말로 답하고, 적어 둔 것을 다시 확인하고, 중요한 개념과 용어로 플래시 카드를 만드는 방법이 있다. 정보를 샅샅이 검색하고, 흡수하고, 기억할 수 있는 연습이라면 무엇이든 좋다.

이 단계에서는 자료를 기억하기가 주요 목표이지만 전부는 아니다. 처음에 놓쳤을지 모를 여러 가지 부분을 파악하고, 개념과 생각을 더 큰 맥락에서 보는 일도 중요하다. 체계적으로 정리하는 능력이 향상되므로 학습해야 할 다른 주제에도 적용해 연습해 본다.

다시 보기 단계는 훑어보기 단계를 자연스럽게 연장한다. 이 분야가 어떤지 윤곽을 잡았으니 본게임으로 들어간 셈이다. 여기서 암기를 병행하면 스스로 학습도 하고 관련 내용에 대한 이해도를 높일 수 있다. 다시 보기 단계에서 하는 모든 일은 학습 계획을 짤 때도 적용할 수 있다. 공부 진행 상황을 매일 적거나 시각 매체를 활용해 남길 수도 있다.

사실 SQ3R 기법을 실행하기란 쉽지 않다. 지금까지 보았듯이 상당히 힘들고 세심한 과정이다. 그렇기에 인내심뿐 아니라 체계화하여 정리하는 능력도 있어야 한다. 그렇지만 이 과정을 잘 견디고 열심히 한다면 복잡한 주제를 공부하기에 더없이 좋은 학습 방법이다. 게다가 공부하면 할수록 나중에는 쉽게 느껴지기도 한다. 그렇기에 아이는 물론이고, 어른도 이 학습법을 이용한다면 체계적으로 공부하는 데 도움이 될 것이다.

단계별로 나누어 이해도 높이기

이번에 소개할 방법은 교육 심리학자인 벤저민 블룸Benjamin Bloom의 '교육 목표 분류 체계'다. 이 체계는 1956년에 대학생의 학업 성취도를 측정하기 위해 만든 것으로 2001년까지 수정되었다. 이후 학생들이 수업 내용을 충분히 이해하는 데에 목적을 둔 수업 지도 체계로써 학계에 자리 잡았다. 여기서는 이 책의 목적에 맞게 아이의 이해도를 높이려면 무엇이 필요한지 단계별로 알아본다.

이 체계는 주제의 이해도를 끌어올리기 위해 순차적으로 통과해야 할 단계 6가지를 명시한다. '기억하기', '이해하기', '적용하기', '분석하기', '평가하기', '창조하기'가 그 6단계인데, 이는 가장 높은 수준까지 제시하고 있는 것이다. 대부분의 아이들은 이 분류 체계에 나오는 과정을 모두 통과하지 못한다. 그러니 이를 너무 어렵게 생각하지 않아도 된다.

블룸의 교육 목표 분류 체계

기억하기 → 이해하기 → 적용하기 → 분석하기 → 평가하기 → 창조하기

- 데이터를 입체적으로 보이게 함.
- 학습 내용을 명확히 이해하고 오래 기억할 수 있음.

 '창조하기' 단계에 이르면 그 주제를 명확하게 이해하고 있다고 볼 수 있다. 그러나 분류 체계의 각 단계를 순서대로 진행해야만 다음 단계를 수행할 수 있다. 우리는 어떤 주제를 잘 이해하지 못한 채 평가하거나 판단하는 사람들을 주변에서 자주 본다. 이러한 사람들이 이 체계를 따르지 않고 실패한 경우다.

 블룸의 분류 체계는 특정 분야에서 적극적으로 전문성을 쌓는 방법을 나열한 것이다. 그러므로 이 체계를 여러 가지로 활용할 수 있고 어느 분야에서도 적용할 수 있다. 아이의 학습은 물론, 학교나 직장, 또는 어른이 개인적인 목표 달성을 위한 체계를 설계할 때도 활용할 수 있다.

 분류 체계는 전체적으로 학습이 이루어지는 지적 과정을 바탕으로 하는데, 다음과 같이 요약할 수 있다. 먼저 개념을 '기억'해야, '이해'한

다. 개념을 이해한 후에야, '적용'할 수 있다. 과정을 '분석'하고 나서, '평가'할 수 있다. 철저하게 평가를 끝내야, 결론을 정확하게 '창조'할 수 있다. 이 체계를 학습에 이용하기 위해서는 아이가 자신의 위치가 어디인지 알아야 무엇이 필요한지 정확하게 파악할 수 있다.

기억하기

기억하기에는 '주의 깊게 듣기', 구글과 같은 검색 도구를 적용하여 '정보 찾기', 적극적으로 데이터를 '암기하기', 나중에 다시 확인할 정보에 '표시하기', 나중에 종합할 핵심 사항을 '강조하기', 정보를 '반복하며 연습하기' 등이 포함된다.

이 단계에서 하는 주요 활동은 나중에 필요한 정보를 찾아 쓸 수 있도록 받아서 수정하는 일이다. 평소 학습 내용을 표시하거나 메모하며 책을 읽는다면 '기억하기'를 적극적으로 하는 셈이다. 표로 만들거나 글머리 기호로 정리하면 정보가 머릿속에 저장되기 쉬워진다. 특히 시험 공부를 할 때 이러한 방법을 쓰면 좋다.

이해하기

이 단계에서는 정보를 보다 적극적이고 관심 있게 다룬다. 즉 정보를 나누고 원리를 이해하는 일이 주요 활동이다. 가전제품을 분해해 작동 원리를 알아보는 사람을 생각하면 쉽다. 활동에는 데이터를 '범주화하기', 정보를 묶음으로 나눠 '분류하기', '추론하기', '예측하기', '요약하기' 등이 여기에 속한다.

학교에서 보통 '자신의 말'로 쓰라는 문제는 학생이 어느 정도 암기했는지가 아니라 얼마나 이해하는지 평가하기 위해 출제된다. 어떤 주제를 깊이 있게 이해하면, 그 주제를 어떤 방법으로든 능숙하게 다룰 수 있다. 우리는 보통 복잡한 문제를 그 분야에 익숙하지 않은 사람에게 설명해야 할 때 예시를 들어 관련짓거나 더 쉽게 이해할 만한 비슷한 개념을 찾아 연관성을 보여 주기도 한다. 이렇게 '관련짓기'와 '연관 짓기'를 하면 주제를 깊이 이해하는 데 도움이 된다.

적용하기

여기에는 '실행하기', '간단히 묘사하기', '행동으로 표현하기', '분명하게 표현하기' 등의 활동이 포함된다. 이를 통해 정보는 '현실 세계'에서 구현된다. 사실 블룸의 분류 체계는 그 자체로 '적용하기'라고 할 수 있다. 이는 '도표 만들기' 혹은 추상적인 개념을 적용해 모델, 생각, 개념으로 구현하는 등 구체적으로 정보를 제시하는 형태로 나타나기 때문이다. '그리기', '준비하기', '보여 주기', '재연하기', '배역 맡아 하기'는 모두 '적용하기'에 해당한다. 관련 도표를 보여 주고, 실험 계획을 실행하는 일도 '적용하기'에 속한다.

분석하기

'질문하기', '설명하기', '체계화하기', '해체하기', '상관관계 찾기', '계산하기'가 이 활동에 해당한다. 받은 정보를 활발히 처리하고 조작해서, 구성 요소를 자세히 파악한다. 블룸의 이론 자체가 '감정鑑定하기'와 '범주화하기'를 구체적으로 나타낸다. 마인드맵 그리기, 기계를 부품으로 해체하기, '왜 이런 일이 발생하는가' 하는 의문 품기 등이 '분석하기' 활동의 예시다.

평가하기

다루는 내용의 가치를 판단한다는 의미다. 여기에서는 '비판하기', '평점 매기기', '성찰하기', '검토하기', '평가하기', '검증하기'를 실행한다. 뇌는 이 시점에 다다르면 분별력을 발휘해 들어온 정보가 목적에 부합하는지 판단한다. 결과는 유용한가? 어느 정도로 학습을 잘 실행했나? 어떤 식으로 정보를 취합해 의견을 표명할 것인가? 이런 식으로 검증하고 판단하는 것이다.

창조하기

마지막 단계다. 기본에 충실하겠다는 자세로 정보를 다룬다. '작곡하기', 이미 알려진 것을 '믹싱 녹음이나 녹화'해서 새로운 것을 창조하기, 영상 '촬영하기', 대본 '쓰기', 인물 '연기하기' 등은 모두 창의적인 일로서 적극적으로 정보를 다루어 새롭게 만들어 낸다. 창의성이 돋보이는 일에는 '프로그래밍하기', 시스템 '설계하기', 자료를 다른 형태로 '각색하기', 'SNS 운영하기' 등이 있다. 블룸은 심지어 '리더십 발휘하기'도 이 단계에 해당하는 활동이라고 봤다. 리더십이 있는 사람은 완전히 새롭게 스스로 세운 미래상을 향해 주위 사람을 이끌기 때문이다.

단계를 확인하다 보면 활동을 표현하는 범주가 계속 겹친다는 것을 알 수 있다. 사실 범주를 개별적으로 구분하는 일은 중요하지 않다. 이 분류 체계의 장점은 같은 정보를 다양한 관점으로 볼 수 있다는 점이다. 한두 가지 방식이 아니라 최대한 여러 방식으로 활발하고 주도면밀하게 정보를 활용하면, 공부하거나 암기할 때 엄청난 변화를 실감하게 된다. 이런 방식은 데이터를 입체적으로 보도록 해 주기 때문에 피상적으로 볼 때보다 깊이 이해하고 오래 기억할 수 있기 때문이다.

예를 들어 다음과 같이 학습해 보는 것이다. 새로운 내용을 배울 때마다 교과서의 본문을 강조 표시하며 요약해 보고(기억하기), 자기의 말로 다시 써 본다(이해하기). 도표를 만들어 이해한 내용을 적용해 본 다음(적용하기), 시간을 들여 차분하게 질문거리를 찾아보고, 도표를 천천히 확인한다(분석하기). 이 방법이 학습 내용을 기억하는 데 도움이 되었는지 자문해 보고(평가하기), 이를 바탕으로 나중에 학습 체계를 개선해 본다(창조하기).

 따분하고 다소 어려워 보일지 몰라도 이 방법은 학습 내용을 익히고 정보를 종합하는 데에 아주 유용하다. 실제로 많은 시간을 들이며 힘들게 보내는 동안 공부한 개념과 사실은 뇌에 차곡차곡 착실히 저장된다. 이 사실을 기억하며 아이에게도 인내심을 갖고 정보를 습득하고 효율적으로 공부할 수 있도록 도와주자. 그렇게 했을 때 아이가 학습 내용을 더 정확하게 이해하고 기억할 수 있을 것이다.

목적을 가지고 메모 달기

마지막으로 살펴볼 방법은 '메모'를 달 때 '목적을 가지고' 다는 방법이다. 무언가를 읽고 있는데 내용을 이해하지 못하면서 눈으로 글자만 따라가 본 경험은 누구나 있을 것이다. 사실 읽기란 굉장히 적극적인 과정이며 지면으로 제시된 자료를 보고 내용을 흡수하고 이해하는 경로를 끊임없이 반복하는 일이다.

전체를 파악하지 못한 읽기는 무의미하고 목적이 불분명한 행위일 뿐이다. 공부를 할 때 교재가 큰 비중을 차지한다면 아이가 목적에 맞게 읽도록 도와주어야 한다.

효과적으로 읽기를 하려면 '목적'에 따라 읽어야 한다. 목적이란 이 책을 '왜' 읽는지 안다는 의미이며, 본문에 있는 내용으로 무엇을 하려는지 명확하게 알아야 한다는 뜻이다.

학생들은 흔히 교재에 색색 형광펜으로 표시하곤 한다. 하지만 강조 표시를 왜 하는지, 이렇게 해서 얻는 결과는 무엇인지 생각하지 않는다. 그냥 무의식적으로 펜만 긋고 있을 뿐이다. 이런 식이면 다 읽고 나서도 뭘 읽었는지 모르기 일쑤다.

- → 강조 표시하기
- → 본문이나 여백에 기호 달기
- → 필기하기

- ✓ 목적에 맞게 교재를 읽도록 도와줌.
- ✓ 아이 스스로 이해하기 위해 적극적으로 행동하게 됨.
- ✓ 자기만의 방법으로 메모를 다는 것이 더 효과적.

그러므로 먼저 목적을 파악하고 그 목적에 맞게 메모를 달아야 한다. 메모 달기는 '강조 표시하기', '본문이나 여백에 기호 달기', '필기하기'의 형태로 달아야 한다. 이렇게 하기 위해서는 의도에 부합하게 읽도록 '이 책을 왜 읽고 있는지'를 주도면밀하게 질문해 보는 것이 좋다. 읽기를 시작하기 전에 아이가 관련 정보를 찾을 수 있도록 시간을 준다. 이렇게 중심을 잡는 법을 구체적으로 알려 주고 읽기의 목적을 세우도록 한다.

읽기를 본문과 대화 나누는 일이라고 상상하며, 읽고 있는 내용을 더욱 깊이 '이해'해야 한다. 사람과 대화를 나눌 때 이해가 되지 않으면 다시 말해 달라고 요청하거나, 다른 표현을 써 달라고 부탁하거나, 질문을 하면서 내가 제대로 이해하고 있는지 확인한다. 아이에게도 본문 내용을 읽도록 알려 줘야 한다.

교재를 읽기 전, 중, 후 활동을 통해 본문에 관심을 가지고 적극적으로 다룰 수 있어야 한다. 읽기 전 활동으로 목적을 세우고 의도를 명확히 한다. 읽기 중 활동으로는 의미 있는 필기를 하고 메모를 단다. 읽기 후 활동으로 과제를 하며 읽은 내용을 적용한다. 쉬운 예로, 먼저 아이에게 기사를 하나 주고 이 기사가 좋지 않은 평을 받았다고 알려 준 뒤 그 이유를 생각하게 해 본다. 읽기 중 활동으로는 기사에서 어떤 주장을 펼치는지 찾게 하고, 기사에 대한 의견 등 자신의 생각을 표현하게 한다.

마지막으로, 읽기 후 활동에서는 내용을 요약하고 '이 기사를 어떻게 생각하는가'라는 질문도 한 번 더 살펴보게 한다. 다 끝나면, 처음에 받은 기사를 반박하는 기사를 또 하나 주며 이 주제를 더 깊이 다뤄 본다. 이렇게 하면 특정 목적에 맞춰 읽게 된다.

이런 방식으로 읽으면 붙여 둔 메모를 도구나 길잡이처럼 이용하며 개념들을 빨리 살펴볼 수 있다. 모두가 알다시피 아이들은 자신과 관련 있거나 스스로 원해서가 아니라면 굳이 읽으려 하지 않는다. 하지만 새로운 정보를 적극적으로 다루는 일은 의식적으로 주의를 집중하지 않으면 배울 수 없다.

메모 달기는 '내적으로' 일어나는 관심을 반영한다. 여백에 적힌 질문이나 반박할 점은 아이가 그런 생각을 하기에 적은 것이다. '적어 놓아야지.' 하거나 '여기에 적으면 좋겠다.' 하는 생각만 하고 지나친 게 아니다.

여기서 메모 달기가 어떤 것인지 알아야만 가장 효과적인 방법을 찾을 수 있다. 여백에 질문을 적을까? 강조 표시를 할까? 새로운 단어에 동그라미를 치고 정의를 찾아볼까? 본문에 나오는 인용구에 밑줄을 칠까? 모두 나름대로 장점이 있으므로 어떤 방식이 더 좋고 나쁘다고 말하기는 어렵다. 일단 읽기의 목적을 달성하는 데에 메모 달기가 논리적으로 도움이 된다는 점만 알아 두자. 메모를 다는 방식 자체는 사실 중요하지 않다. 오히려 아이가 스스로 고안해내는 방법이 더 효과적이다.

부모는 아이가 시키지 않아도 스스로 자신감과 호기심을 지닌 채 교재를 읽고 그 내용을 지배할 수 있도록 도와야 한다. 이것이 학습 능력을 키울 수 있도록 이끌어 준다. 사실 목표가 있으면 활력이 생기고 무엇을 하는지도 명확해지는데, 교재를 읽을 때도 마찬가지다. 읽기를 바른 방향으로 설정하면 아이들은 자연스럽게 메모를 붙이며 내용을 이해하려고 하는 등, 적극적으로 행동하게 된다.

명심해야 할 것은 무언가를 진정으로 이해할 때 내적으로 일어나는 과정을 활성화해야 한다는 점이다. 아이에게 노트 필기와 메모 다는 방식이 어떻게 도움이 됐는지, 도움이 되긴 했는지 물으며 아이가 이 과정을 적극적으로 평가해 보는 것도 효과적이므로, 꼭 함께 실행해 보자.

부모를 위한 우리 아이 학습 포인트

- ☑ '시간 간격을 두고 반복하기'는 기억과 회상을 강화하는 방법이다. 가능한 한 오랫동안 시간 간격을 여러 번 두고 암송하고 복습하며 공부한다. '벼락치기'로 공부할 때도 이 방법을 활용할 수 있다. 여기서 중요한 것은 일관성 있게 시간 간격을 두고 반복해서 연습하는 것이다.

- ☑ '코넬식 노트 필기법'은 필기를 더 효율적으로 할 수 있는 방법이다. 노트에 '단서', '필기', '요약'으로 칸을 나누어서, 각 칸의 목적에 맞게 학습 내용을 적어 넣는 것이다. 이를 통해 학습하는 핵심 주제와 핵심 사항을 뽑아낼 수 있으며, 노트를 보는 것만으로도 학습 내용을 한눈에 파악할 수 있다.

- ☑ 'SQ3R 학습법'은 교과서를 읽는 데 효과적이다. '훑어보기'(자료를 전체적으로 파악하기), '질문하기'(질문을 하며 학습 방향을 잡아 깊이 있게 이해하기), '자세히 읽기'(자료와 정보를 적극적이고 주의 깊게 받아들이기), '암송하기'(배운 내용을 체계적으로 정리하고 새기기), '다시 보기'(전체 목표를 보고 학습 시작점과 비교하며 학습 과정을 평가하기) 등의 단계를 거치며 학습 과정을 구체화해 준다.

- ☑ '블룸의 교육 목표 분류 체계'를 이용하면 숙달도가 쌓이며, 학습 내용에 대한 이해도가 깊어진다. '기억하기', '이해하기', '적용하기', '분석하기', '평가하기', '창조하기'라는 단계를 따른다.

- ☑ '목적을 가지고 메모 달기'를 통해 교재의 내용을 스스로 더 명확하게 이해할 수 있도록 한다. 메모 방식은 맥락에 맞게 고를 수 있으며, 아이 스스로 자신에게 맞는 방식으로 메모를 달게 하는 것이 효과적이다.

비결 5

아이 중심 학습을 하라

　지금까지 소개한 학습법을 실제로 적용하고, 학습 내용을 효과적으로 익히는 능력을 키우기 위해서는, 부모가 이끌어 주는 것과 동시에, 아이 스스로 학습할 수 있어야 한다. 이번 장에서는 아이가 중심이 되는 학습을 어떻게 해야 효과적으로 할 수 있는지를 다루겠다. 다소 딱딱하고 추상적으로 다가올 수도 있지만, 이 장을 읽고 나면, 부모는 아이가 스스로 학습하며 목표에 도달할 수 있는 비법을 깨닫게 될 것이다.

지식을 효과적으로 습득하기

 친구에게 무언가를 가르쳐야 하는 상황이라고 생각해 보자. 우선 친구가 현재 알고 있는 사실에서 시작해 범위를 넓혀 나갈 수 있다. 예를 들면 기본 원칙을 먼저 가르치거나 이미 알고 있는 개념을 끌어낸 뒤 새로운 사실을 알려 주고 범위를 넓힌다. 이를 통해 배우는 사람은 문제 해결을 위해 과제를 수행하며 새로운 지식을 배운다. 이러한 방법은 단순한 개념에서 출발해 주요 개념으로 확장하기 때문에 복잡한 사상을 알게 하는 데 효과적이다. 아이는 구조화된 학습 과정을 거치며 개념에 숙달하게 된다. 예를 들어 악기를 배우는 아이는 음계 배우기, 악보 읽기, 악기 다루기를 익힌 후에 이 기술들을 조합하게 된다.
 한편, 학창 시절에 교실에서 배우는 내용이 '현실 세계'에 어떻게 적용되는지 모른 채 '이런 걸 왜 배우고 있지?' 하며 궁금해했던 경험이 있을 것이다. 아이도 같은 생각을 할 수 있다. 그럴 때는 새로운 지식을 실용적으로 적용해 전달하는 방법을 쓰면 좋다. 영어 수업을 예로 들어 보자. '식당에서 음식 주문하기'와 같이 영어를 쓰는 나라에서 겪을 법한 상황을 만들어 아이가 역할 놀이를 할 수 있도록 하는 것이다.

이렇게 가르치면 추상적인 지식을 구체화할 수 있으므로 학습이 잘 된다. 학습 내용이 실제로 어떤 의미이며 세상에서 어떻게 실제로 쓰이는지 이해하면, 아이는 훨씬 의욕적으로 공부에 임한다. 우리가 학창 시절 배웠던 방정식이나 함수를 깡그리 잊어버린 데는 일상생활에서 쓸 일이 없기 때문이다. 물론, 이러한 실용적인 방법으로 가르치기에 적합한 지식도 있고 적합하지 않은 지식도 있다. 그래도 이러한 원칙으로 아이를 가르칠 수 있음을 염두에 두고 아무리 지루한 과목이라도 실생활과 관련지으며 최근 흐름에 맞도록 재미있게 가르친다면 효과적인 학습 효과를 거둘 수 있을 것이다.

지식을 습득하는 또 다른 방법으로 탐구 중심으로 다가가는 방법이 있다. 이 방법에서는 질문이 학습 과정의 중심을 이룬다. 잘 생각해 보면 우리는 머릿속으로 학습하며 자연스럽게 질문한다. '이게 뭐지?', '어떻게 움직이는 걸까?' '다음에 발생하는 일은 뭘까?', 탐구 중심으로 다가가는 학습은 질문하기와 답변하기, 이 둘 사이의 과정을 거치며 일어난다.

지식을 효과적으로 습득하려면

→ 단순한 개념으로 시작하기
→ 새로운 지식을 현실에 적용해 전달하기
→ 질문을 이용하여 학습하기
→ 공부한 내용 성찰하기

먼저 질문, 대답, 답변에 도달하는 방법이 있다. 탐구를 수행하게 하면서 아이가 어떻게 하는지 확인한다. 또는 질문과 함께 답하는 방법을 제공하고 아이가 스스로 답을 찾도록 하는 방법이 있다. 질문을 주고 과제를 수행하게 해 해답을 구하는 방법과 해답을 모두 아이에게 찾게 하는 방법도 있다.

마지막으로는 아무것도 제공하지 않고 아이가 스스로 질문, 방법, 답변을 모두 찾게 하는 방법이다. 이는 유명한 '몬테소리 교육법'과 같은 방법의 기본적인 토대가 된다. 여기에서는 나이가 다양한 아동이 같은 그룹이 되어 무엇이든 원하는 것을 배운다. 아이들은 스스로 관심 있는 질문을 생각하고 답을 구하는 방법까지 찾게 된다.

질문을 이렇게 이용하면 아이에게 흥미 없는 정보를 알려 줄 때와는 달리 아이가 적극적으로 생각하며 새로운 문제에 달려든다. "우리가 이미 알고 있는 문제는 이런 식으로 푸는데, 이 새로운 문제는 어떻게 풀 수 있을까?"라고 말하며 질문과 방법을 제시하고 정답을 구하도록 유도해 보자. 책을 건네고 책에 나오는 내용을 활용하는 문제를 만들라고 할 수도 있다. 이렇게 하면 아이는 해답을 구하고 새로운 방법을 모색하려 할 뿐 아니라 처음부터 자신만의 질문을 만들려고 한다.

이런 방법으로 지식을 습득하도록 하면 호기심을 키우는 등 좋은 점이 많다. 그러나 한계도 있다. 일단 학부모가 노력을 많이 해야 한다. 개념 한 가지를 가르치기 위해 일련의 질문과 답변을 주고받아야 하므로 다른 방법보다 힘들다. 또한 준비한 질문에 아이가 대답하지 못하면 실패한다. 학습 장애가 있거나 학습 능력이 좋지 않은 아이가 질문에 당황해 자신감을 잃어버리는 경우가 생길 수도 있다.

마지막으로 '성찰'할 필요가 있다. 지금까지 살펴본 다양한 방법도 그냥 사용하면 효과를 거두기 어렵다. 일정한 시점에서 멈추고 아이가 학습 내용을 잘 따라오고 있는지 살펴볼 필요가 있다.

이 상황에서 이 주제를 아이가 효과적으로 익히게 하려면 어떻게 해야 할까? 배우고 나서 효과를 거둔 이유는 무엇일까? 혹은 학습 효과가 없는 이유는 무엇일까? 어떤 방식으로 가르치면 더 효과적일까? 이렇게 성찰을 한다는 것은 무엇이 효과적인지를 살펴보는 것이다. 만약 아이가 지식을 잘 습득하지 못한다면, 주제가 너무 어렵거나 아이가 멍청해서가 아니라 학습 방법이 적절하지 않았을 뿐이다. 이렇게 '성찰'을 통해 궁극적인 학습 목표를 이루기 위해 다양한 방법을 이용해야 한다는 결론에 다다른다. 지금까지 알려 준 지식 습득 방법들도 한데 섞어서도 이용할 수 있으므로, 아이의 학습 능력에 맞게 활용한다면 좋을 것이다.

뇌에 무리 주지 않기

뇌는 기계가 아니다. 컴퓨터의 중앙 처리 장치(CPU)와 비슷한 기능을 하는 것처럼 보이지만 실은 그렇지 않다. 뇌는 새로운 정보를 취하거나 초점을 새로 맞추는 능력에 선천적인 제약을 갖고 있다. 우리의 기억력이나 생산성을 초인적인 수준으로 향상할 수 있다고 장담하는 자기 계발서들이 많다. 그런 책들을 읽다 보면 노력만으로 뇌가 그렇게 변할 것 같기도 하다. 그러나 실제로 인간은 뇌를 한계까지 밀어붙이는 대신 한계 안에서 노력할 때 더 효율적으로 배울 수 있다.

앞서 살펴본 방법들이 효과를 거두려면 아이나 부모 모두 충분한 시간과 공간을 가지고 인내하며 적절하게 도전도 받아야 한다. 이러기 위해서는 균형을 유지해야 한다. 아이가 충분히 휴식하며 새로운 지식을 통합할 시간을 줘야 하는 것이다. 어떤 방법을 취하든 간에 아이가 타고난 뇌 용량을 넘지 않도록 학습 분량과 강도를 조절하지 않는다면 헛될 뿐이다.

새로운 일 한 가지만 처리하는 뇌

→ 새로운 것을 배울 때 이미 저장된 정보를 꺼낼 때보다 에너지 소모가 많음

- 인지 부하를 줄이는 것이 학습 효과를 높임.
- 학습 단계를 최대한 단순화하고 순서대로 할 것.

'인지 부하 이론'이라는 말이 있다. 뇌는 한 번에 새로운 일 한 가지만 처리한다는 것이다. 따라서 그 한 가지 일을 무엇으로 할지 우선적으로 정해야 한다. 심리학자인 존 스웰러John Sweller가 제안한 인지 부하 이론은 뇌가 어떻게 새로운 정보를 접하고 처리하고 저장하는지 설명한다. 새로운 것을 배울 때 우리는 '작업 기억'을 사용하지만 이해한 정보는 '스키마'(경험과 기억으로 형성된 지식의 구조 — 옮긴이)라는 형태로 '장기 기억'에 넘긴다.

새로운 것을 배울 때는 이미 배워 저장된 정보를 '꺼낼' 때보다 에너지를 더 많이 소모한다. 이를 두고 '인지 부하'라고 한다. 근육이 견딜 수 있는 물리적 부하에 한계가 있듯이 인간의 뇌도 정신적으로 지탱하는 양에 한도가 있다.

아이의 학습 효과를 확실하게 높이는 방법은 바로 이러한 인지 부하를 줄이려고 노력하는 것이다. 에너지는 최소한으로 소모하고 최대한 배우고 싶다. 어떻게 할 수 있을까? 산더미같이 쌓인 돌무더기를 저쪽으로 옮기고 싶은데 수중에 있는 것이 작은 손수레 하나뿐이라면 방법은 뻔하다. 천천히 한 번에 조금씩 옮겨야 한다. 학습하는 방법도 이와 비슷하다. 아이에게 학습 내용을 더 작은 묶음으로 나누고, 단순화하고, 요약하도록 하면 뇌가 처리하는 내용이 줄어들어 인지 부하도 줄어들게 된다.

인지 부하를 줄이는 또 다른 방법이 있다. 전체를 한꺼번에 소화하려 하지 말고 순서대로 단계나 과정을 밟는 데 집중하는 것이다. 아이가 수월하게 학습하도록 내용을 일시적으로 나눈다는 뜻이다. 먼저 시작 단계를 검토한다. 그 단계의 학습을 성취하고 나서 다음 단계를 살펴본다. 이런 식으로 서서히 살을 붙여 나간다. 만약 아이에게 자연의 세계에 대해 가르친다면 일단 생태계에 사는 작은 구성 요소를 보여 준 뒤, 범위를 확대해 나가며 더 큰 구성 요소들을 보여 주는 것이다. 전체 그림을 한 번에 이해하기는 어려워도 시작과 끝이 있는 순서나 이야기임을 알고 나면 다룰 만해진다.

예를 들어 과학 개념을 익혀야 한다고 해 보자. '원자'나 '중성자'와 같은 용어가 나오는 책을 본들 이해할 수가 없다. 읽기를 멈추고 이 용어의 정의를 인터넷으로 찾아봐도 다른 용어를 더 많이 알아야 이 용어를 이해할 수 있다는 점만 알게 될 뿐이다. 한숨이 나온다. 여기에서 문제는 두 가지 단계를 한꺼번에 공략하고 있다는 점인데, 개념을 사용하면서 동시에 정확하게 이해까지 해야 하니 어려울 수밖에 없다. 작업 기억에 정보가 너무 많이 들어갔고 장기 기억에 넣기에는 부족하다. 어떤 사태가 일어날까? 뇌가 과부하되어 새로운 스키마를 형성하지 못하게 된다.

하지만 인지 부하 이론을 이해한다면 주도면밀하게 학습 환경을 조성해서 아이가 단계별로 인지 부하량을 줄이고, 주의를 집중하게 하고, 유용한 스키마를 만들게 할 수 있다. 예를 들어 이렇게 아이에게 말하는 것이다. "먼저 개념부터 시작해 볼까? 다음으로 이 내용을 함께 읽고, 그런 뒤에 모두 조합해 완성해 보자." 핵심은 뇌가 새로운 것을 배울 때 어떻게 작동하는지 살펴보고, 그런 과정을 의도적으로 재구성하는 데에 있다.

그러나 이 인지 부하 이론과 관련하여 학습에 어떻게 적용하느냐는 문제에 관해서는 학자와 연구자마다 견해가 다르다. 예컨대 인지 부하량을 줄인다는 말이 지면에 정리한 설명을 나눠 주고 아이가 인지하는 데 드는 에너지를 최소화하며 새로운 스키마를 형성하게 한다는 뜻인가? 여기서 아이에게 해답을 일부만 제공할 때 더 좋은 학습 효과가 생긴다는 사실이 간과된다. 또한 시청각 자료를 적절히 사용하면 인지 부하가 줄어들지만 자주 사용하면 오히려 부하량이 는다는 딜레

마도 있다.

논란이 다소 있기는 하지만, 이러한 원칙을 활용한다면 학습을 효과적으로 할 수 있다. 점진적으로 누적되며 서로 기반이 되는 작은 단위로 일어나는 학습이 자연스럽다는 사실은 인지 부하 이론으로 분명해지고 설득력이 생긴다. 따라서 자연스러운 학습 과정을 반영하는 방법을 찾아 아이가 그 과정을 거치도록 도와야 할 필요가 있다. 이 말은 아이가 처리하는 인지 부하량에 관심을 기울여야 한다는 뜻이다. 아이는 지식을 충분히 저장하고 있고 활용할 수 있는가? 아이에게 한꺼번에 너무 많은 내용을 제시하고 있지는 않은가? 정보를 전달하는 속도를 일정하게 조정하고 있는가? 아이를 당황하게 하는가? 아이가 도전하기에 적절한가?

이상의 질문과 관련하여 인간 학습에 관한 관점인 '정보 처리 모형'은 뇌를 일종의 컴퓨터로 간주한다. 뇌는 먼저 정보를 감지하고 인식하며 주의를 기울일 가치가 있는지 결정한다. 그다음에 단기 기억이나 작업 기억에서 몇 초간 정보 묶음을 수용한다. 이후 그 정보가 장기 기억으로 넘어가지 않으면 거의 사라진다.

만약 다음 단계가 이어진다면, 정보는 부호화되어 장기 기억에서 꺼낼 때 쓸 단서와 함께 머릿속에 스키마로 저장된다. 마지막 단계는 이 정보를 꺼내는 것인데 보통 특정 환경에서 촉발된다.

정보 처리 모형을 학습하는 데 어떻게 이용한다는 걸까? 예를 들

자. 아이에게 어떤 물건을 사용하면 어떤 장점이 있는지 알려 주려 한다. 먼저 아이가 '감각 기억'에 들어온 정보를 보유할 수 있게 도와야 한다. 이름으로 알 수 있듯 여러 가지 감각을 동원해 기억하는 데는 시각과 청각의 활용이 가장 중요하다. 이를 위해 물건을 주고 아이가 직접 보고 만지며 촉각으로 느끼게 한다. 물건의 장점을 말로 설명하면서 시각화된 데이터나 다른 자료가 있으면 함께 보여 준다. 여러 가지 감각을 활용해 가르치면 효과적으로 학습할 수 있다. 말과 같이 청각을 활용하면 더 잘 배우는 아이도 있고, 물건을 손으로 만지며 기억하는 아이도 있기 때문이다.

그다음에는 감각 기억을 단기 기억으로 변환해야 한다. 전이하도록 돕는 요소로는 처리하는 정보의 양, 아이가 기울이는 주의력 수준, 개인이 지닌 인지 능력이 있다. 최대한 흥미를 끄는 도입으로 시작해 아이가 주의를 집중하며 참여한다면 자신의 감각을 활성화해 학습 내용을 단기 기억으로 전이할 수 있을 것이다.

마지막 단계에서는 이렇게 정보를 받아 장기 기억에 저장한다. 이 과정에서는 반복이 핵심이다. 먼저 가장 중요한 사항이 뇌리에 박히게끔 같은 내용을 새로운 방식으로 말한다. 그리고 명확한 목적의식을 가지고 정보를 소화할 수 있을 만큼 작게 쪼갠다. 쪼갠 정보를 실제 생활에서 필요한 목적과 연결한다. 물건을 유용하게 활용하도록 가장 큰 장점을 두드러지게 한다. 그 장점을 활용하도록 흔히 발생하는 문제점을 알려 주고 해당 물건을 사용하면 어떤 이점이 있는지 강조한다. 이런 과정을 거치면 아이는 부모가 알려 준 정보를 장기 기억에 보유하며 오랫동안 잊지 않게 된다.

인지 부하 이론과 정보 처리 모형을 이용하여 학습 요령을 얻자

뇌의 구조와 그 처리 과정을 이해한다면 학습을 최적으로 할 수 있다. 존 스웰러에 따르면, 새로운 정보 두세 가지까지는 작업 기억에서 한번에 처리할 수 있고, 20초 정도 정보를 유지할 수 있다고 한다. 무엇인가가 작업 기억에서 장기 기억으로 전환되면, 학습했다고 한다. 그러므로 시간을 들여야 한다. 정보를 묶음으로 나눠 천천히 안정적으로 장기 기억으로 옮긴다. 설명은 명확하고 자세하게 한다. 풍부한 예시를 제시하며 가능한 한 많은 개념을 아이가 이미 아는 정보와 단단하게 연결한다.

주의력이 흐트러지지 않게 10분이나 15분마다 휴식을 취하는 방법도 좋다. 학습을 완전히 중단하는 대신 활동을 달리하는 방법도 있다. 분위기를 전환하며 계속해 본다. 목표를 아이가 계속 참여하는 데에 둔다. 질문하고 방향을 제시하면서 아이가 대화하도록 격려하며 여러 방법을 섞어 쓴다. 쓸 수 있는 시간과 들일 수 있는 주의력은 한정되어 있으므로 가장 중요한 점과 가장 집중해야 할 점을 보여 주며 아이가 과정을 차근차근 따라가게 한다.

해당 주제에 대해 깊이 생각해야 할 때는, 새로운 내용을 기존에 익힌 내용과 연결하며 장기 기억에 저장된 내용을 활용하도록 한다. 단순하고 체계적으로 정리해 인지 부하를 줄이는 것이다. 예를 들어 한 시간 분량의 학습 내용을 15분짜리 묶음 네 개로 구성하고 묶음마다 학습 요점을 간추린 표를 만들 수 있게 한다. 특정 요점을 자주 생각할수록 더 많이 부호화되어 장기 기억에 저장되므로 반복 연습과 복습에 많은 시간을 들이도록 한다.

마지막으로 어떻게 개념과 생각을 체계적으로 정리하는지 아이에게 설명한다. 각 개념이 어떻게 다른 개념과 조화를 이루며 전체를 이루는지 보여 주는 것이다. 기억할 것은 뇌는 연결 짓기를 좋아하므로 정보 묶음 사이에 유의미한 관련성을 많이 찾을 수 있으면 나중에 뇌가 정보를 저장하고 꺼내는 것도 수월하다.

자기 주도 학습을 하기 위해서는

아이가 학습을 잘하도록 하고 싶다면 인간이 원래 어떤 식으로 새로운 정보를 이해하고, 유지하고, 사용하는지 알아야 한다. 우리도 현재 갖추고 있는 지식이나 기술을 한 번에 하나씩 점진적으로 배웠을 것이다. 전문가들도 단번에 크게 도약하기보다는 새내기로 시작해 꾸준하게 변화를 축적하며 한 걸음씩 경력을 쌓는다.

이렇게 역량이 낮은 수준에서 시작해 차츰 숙달해 가는 과정을 교육 용어로 '비계 설정'(공사장에 설치하는 안전 가설물인 비계에서 비롯된 용어로, 학습자가 인지적 발달을 최대로 이루는 데 필요한 중재나 조력을 하는 것 — 옮긴이)이라고 한다. 단순하고 작은 단위로 복잡한 지적 체계를 세심하게 쌓는 과정을 가리킨다.

이러한 방법으로 인지 부하량을 줄일 수 있고 이로써 뇌는 작업 기억에서 작은 정보 묶음만 처리하기만 하면 된다. 장기 기억에 저장하고 나서 다음에 취할 단계, 수준, 단위 등을 어떻게 할지 검토한다.

예를 들어 어떤 교사가 학생들에게 생소한 소프트웨어 사용법을 단계에 따라 난이도를 정교하게 배치해 가르친다고 해 보자. 여기에서의 '비계 설정'은 학생들이 전체 프로그램을 효율적으로 사용하는 법을 터득하는 과정에서 머릿속으로 그릴 수 있게 이끌어 주는 일이다.

먼저 '지식을 제공하기'로 시작한다. 즉 프로그램을 설명하고, 어떤 용도로 쓰는지, 일반적인 입문으로 어떤 기본 원칙이 있는지 학생들에게 알려 준다.

다음은 '전략을 시범으로 보여 주기' 단계다. 교사는 직접 프로그램의 기능 몇 가지를 학생들 앞에서 실행하고 특정 결과를 얻으려면 정확히 무엇을 해야 하는지 몸소 보여 준다.

더 확장한 단계가 '모델링'이다. 교사는 지금까지 가르친 정보를 취합해 본보기를 만들어 앞서 사용한 전략이 어떻게 종합적으로 쓰이는지 보여 준다.

다음 단계는 '질문하기'다. 앞의 과정을 거친 뒤 학생들에게 비슷한 프로그램은 어떻게 실행하면 될지 묻는다. 시범을 보여 주고 질문을 유도한다. "비슷한 다른 프로그램을 실행하려면 어떻게 해야 할까? 같은 방법을 쓰면 될까?" 이런 식으로 앞서 배운 전략을 숙지하고 있다면 이제는 더욱 복잡한 전략을 보여 달라는 신호를 학생들에게 주도록 한다.

'교수하기'는 가르치는 과정에서 "A를 실행하려면 여기를 클릭해."라든가 "파일 열기는 이렇게 해."와 같이 말하며 활용한다.

'피드백과 수정'은 모든 단계에서 제공할 수 있다. 질문을 하고, 학생의 반응을 살펴, 어느 정도 이해하고 있는지 알아낸다. 부드러운 태도로 긍정적으로 피드백하고, 학생이 이해했는지 확인하면서 배운 내용과 단순한 개념을 다시 반복한다. "단축키를 쓰면 더 빨리할 수 있어."라거나 "여기는 다른 설정을 해 보는 것도 괜찮아."와 같은 일반적인 피드백을 하는 것도 좋다.

마지막으로 '과제 재구성하기'다. 복잡한 과제를 수행하기 전에 미리 간단한 과제를 해 보게 하거나, 계획적으로 그 프로그램에서 특정 사항은 알려 주지 않고 학습 요점만 강조한다. 하면 안 되는 방법만 골라 시범으로 보여 줘서 작동하지 않는 이유를 이해하게 하는 법도 있다. 즉 프로그램을 잘못 실행해 오류나 충돌이 발생하는 경우를 주도면밀하게 보여 줄 수도 있다.

이렇게만 보면 비계 설정이 어려워 보일 수도 있으나, 실제로 해 보면 설명만큼 복잡하지 않다. 아이더러 천천히 읽으라고 하거나, 문장을 다시 읽게 하거나, 어려운 말을 소리 내보게 하는 등 간단하게 도움을 주는 것이다.

'가르치는 이' 중심에서 '배우는 이' 중심으로

1. 내가 하기 → 핫케이크 만드는 시범을 보여 준다
2. 함께하기 → 아이와 함께 만들며 질문해 보고 잘못된 건 알려 준다
3. 네가 하기 → 아이 스스로 핫케이크를 만들게 한다

- 자연스럽게 학습 내용을 익힐 수 있음.
- 스스로 주도권을 갖고 학습할 수 있게 됨.

사실 비계 설정은 가르치는 이 중심에서 배우는 이 중심으로, 즉 부모가 아이에게 학습 책임을 점진적으로 '넘겨주는' 과정이기도 하다. 이 과정을 '내가 하기', '함께하기', '네가 하기'라고 부른다. 이해를 돕기 위해 부모와 아이가 핫케이크를 굽기로 한다고 가정하고 각 단계를 적용해 보겠다.

내가 하기 — 부모 중심

부모는 아이에게 조리를 준비하는 모습을 주의 깊게 관찰해 어떻게 하는지 이해해 보라고 말한다. 조리 준비 과정에서 부모는 여러 가지 사항을 설명하고 지시하며 정보를 전달하고, 아이는 수동적으로 받아들인다. 이때 새로운 개념, 기술, 정보를 모두 전달한다. "자, 반죽을 만들 때는 이런 모양의 그릇을 쓴단다. 그리고 재료를 섞을 수 있는 도

구가 필요해. 핫케이크 재료는 정량에 맞춰 준비해야 해. 그렇게 안하면 핫케이크 모양이 제대로 만들어지지 않아."

여기서 아이는 새롭게 주어지는 내용에 익숙해지고 목표를 확인한다(이때 부모는 목표를 재현할 수 있게 단단히 신경 쓴다). '오늘은 핫케이크를 완벽하게 만든다'와 같이 한계와 목표를 명확히 한다. 기존의 지식을 활용해 유의미하고 관련성 있게 설명하고 예시를 든다.

함께하기 — 부모와 아이가 함께

이 단계에서 부모는 아이에게 먼저 '보조 바퀴'를 달아 준 다음 점진적으로 참여를 늘린다. 설명은 하지만 아이가 행동하게 한다. 부모는 아이가 핫케이크 반죽을 배운 대로 만드는지 지켜보고 함께하며 지시하고 잘못된 부분이 있으면 고쳐 준다. 기회를 주어 새로운 기술을 연습하고 저장한 정보를 꺼내도록 하면서 심리적 도움만 조금씩 제공해야 한다.

한 번에 하나의 단계씩(이런 순서로 인지 부하를 줄인다는 것을 기억하면서) 나아가고, 질문하고 지시하면서 아이를 다음 단계로 이끈다. "좋아! 이제 반죽을 프라이팬에 올리자. 프라이팬에 기름을 둘러야 한다고 했지? 왜 그렇다고 했을까?" 아이를 격려하여 지식과 기술이 얼마 안 된다 해도 일단 보여 달라고 한다. 격려와 긍정적인 피드백은 언제나 통한다. 실수는 일어나기 마련이므로 그런 일이 생기면 멈추고, 조정하고, 적절하게 보충하면 된다.

네가 하기 — 아이 중심

궁극적인 목표는 아이가 도움 없이 혼자서 기술을 실행하고 정보를 꺼낼 능력이 생기는 것이다. 때가 되면 보조 바퀴는 떼어낸다. 시간이 지난 후 아이 혼자 처음부터 핫케이크를 만들게 한다. 이렇게 하면 아이는 도움을 받지 않고 자신의 성과를 보여 줄 수 있고, 학습 초기에 부모와 함께 설정한 목표에 어느 정도 도달했는지도 확인할 수 있다. 물론 아이가 만든 핫케이크가 밀가루 맛으로만 가득하다거나 지나치게 탄다면, 맨 처음으로 돌아가 비계 설정부터 다시 해야 할 것이다.

이처럼 간단한 요리나 만들기와 같이 일상에서 부모와 아이가 함께 즐겁게 할 수 있는 일들을 활용하여 비계 설정을 먼저 해 보자. 그러고 나서 아이가 학습할 때 이를 적용해 본다면, 아이가 스스로 중심이 되어 학습하도록 이끌어 줄 수 있을 것이다.

부모를 위한 우리 아이 학습 포인트　　5

- ☑ 지식을 효과적으로 습득하게 하는 것은 학습 목표를 달성하는 데 중요하다.

- ☑ 아이가 이미 알고 있는 정보를 바탕으로 하여 지식을 쌓게 한다. 부모는 아이가 서로 다른 두 개념을 연결하기 위해 기존의 지식과 사물을 관련지어 새로운 지식을 구성하도록 돕는다.

- ☑ 실용적이고 실제 생활에 적용할 수 있게 가르치는 일은 중요하다. 새로운 정보가 자신과 관련 있고 상황에 부합할수록 아이는 잘 기억한다.

- ☑ 아이가 질문, 답을 구하려는 방법, 답변을 만들거나, 이 세 가지 중에서 몇 가지를 조합하여 탐구할 수 있도록 한다.

- ☑ 부모는 아이가 학습을 제대로 하고 있는지 성찰하고 학습법이 효과 있는지 평가한다.

- ☑ 뇌는 기계가 아니다. '인지 부하 이론'은 뇌의 능력이 제한되어 있으므로 전략적으로 사고하고 인지 부하를 줄여 학습 효과를 최대로 끌어내야 한다는 점

을 강조한다. 이를 위해 뇌의 학습 과정을 거스르지 말아야 한다. 이를 활용한 방법으로 '특정한 주제에 학습 내용의 초점을 맞추기', '정보를 최대한 자주 반복하기', '주의력을 끌 수 있게 감각을 활용하기' 등이 있다.

☑ '비계 설정'은 작은 성취를 점진적으로 늘리고, 단순한 개념이나 기술을 쌓아가며 큰 개념이나 기술을 익힌다는 데에 원칙을 둔다. 이를 '내가 하기', '함께 하기', '네가 하기'로 요약할 수 있는데, 여기서 아이는 부모에게서 주도권을 넘겨받아 자기 주도 학습을 하게 된다.

교육이 한 인간을 양성하기 시작할 때의 방향이 훗날 그의 삶을 결정할 것이다. ▪ 플라톤(그리스의 철학자)

역자의 말

수채화를 그리고 싶어 하는 친구를 가르치려고 한다. 모델 그림을 따라 그리게 하는 방법과는 다르게 시도하고 싶지만 망설여진다. 몇 년 동안 외국어 회화를 가르치면서, 오래 배웠지만 정작 하고 싶은 말을 못한다는 학생을 보면 미안하다. 세계 경제와 관련된 이론을 생소한 용어나 와닿지 않는 원리로 설명하자니 서로 고개만 갸우뚱하게 된다.

누군가를 가르쳐야 하는 상황에 처한 사람이라면 비슷한 문제로 고민해 봤을 것이다. 하물며 부모가 아이에게 공부를 가르치고 학습하게 하는 것은 얼마나 고민되는 일일까! 아이가 12년 이상 교육을 받는 만큼 아이의 공부는 평생을 좌우할 만큼 중요하다. 그렇기에 아이를 어떻게 가르치고 공부하게 할지에 대한 고민이 클 것이다.

물론 이미 있는 교과 과정, 교재, 수업 방식 등을 활용해 아이를 가르치면 되는데 고민할 게 무엇이 있냐고 물을 수도 있다. 하지만 몇 초 만에 궁금한 것을 검색할 수 있는 디지털 환경인데도 이전과 같은 전통적인 방식으로만 가르친단 말인가? 변화가 빠르고 새로운 정보와 기술이 쏟아지고 있기에 사회가 필요로 하는 역량도 달라졌다. 특히 요즘 아이들은 이전 세대와는 달리 스마트폰, 게임, SNS 등 디지털 매체를 일찍부터 접하고 있다. 이들이 무언가를 배우는 경로가 매우 다양해졌다. 따라서 아이가 학습하는 방식도 이에 맞춰 달라져야 한다. 그렇다면 어떻게 학습해야 할까?

이 책은 다양한 사례와 상황을 보여 주며 이러한 질문에 답하려고 한다. 저명한 심리학자인 저자는 질의응답법, 교과서 독해법, 노트 필기법 등 아이가 최대한 이해도를 끌어올려 효율적으로 학습하는 데 활용할 수 있는 비결을 상세히 소개한다. 특히 단순한 주입식 학습법이 아닌, 아이가 스스로 공부에 흥미를 가질 수 있도록 도와주는 방법들을 알려 준다. 그리고 이에 대한 이해를 돕기 위해 식사 준비하기, 핫케이크 만들기 등 실생활에서 무언가를 배우고자 할 때 접근하는 방식을 이용하여 독자들이 이해하기 쉽게 돕는다.

또한 저자는 다양한 학습 전략과 함께 내적 동기, 학업 탄력성, 비판과 실패를 두려워하지 않는 자세 등 이 사회에서 요구하는 역량을 갖추기 위해 아이가 키워야 할 요소들도 살펴본다. 이러한 요소들이 이 책에서 강조하고자 하는 우리 아이에게 필요한 학습 능력, 즉 메타인지를 키우는 바탕이 되는 것이다.

전염병 확산과 같은 외부적인 요인, 디지털 매체의 발달로 인해 이제는 학교 현장에서만 아닌, 다양하고 효율적인 학습이 재빠르게 자리 잡고 있다. 이러한 상황에서 아이가 공부에 자신감을 갖기 바라는 부모에게 이 책을 권하고 싶다. 이 책에서 다루는 여러 학습법을 통해 아이의 공부법에 대해 전반적으로 살펴볼 절호의 기회가 될 것이다.